AF325329

TRAITÉ THÉORIQUE ET PRATIQUE

DES

BAUX COMMERCIAUX ET INDUSTRIELS

—

PROPRIÉTÉ COMMERCIALE

PAR

ROBERT-MARTIN & RENÉ MAUS

AVOCATS A LA COUR DE PARIS

SUPPLÉMENT

au courant de la législation et de la jurisprudence
jusqu'au 1er octobre 1928

PARIS

LIBRAIRIE DALLOZ

11, RUE SOUFFLOT, 11

1929

TRAITÉ THÉORIQUE ET PRATIQUE

DES

BAUX COMMERCIAUX
ET INDUSTRIELS

SUPPLÉMENT

BAUX COMMERCIAUX ET INDUSTRIELS

PROPRIÉTÉ COMMERCIALE

PAR

ROBERT-MARTIN & RENÉ MAUS

AVOCATS A LA COUR DE PARIS

SUPPLÉMENT

au courant de la législation et de la jurisprudence
jusqu'au 1er octobre 1928

PARIS

LIBRAIRIE DALLOZ

11, RUE SOUFFLOT, 11

1929

EXPLICATIONS DES ABRÉVIATIONS

D. P. . . . . Recueil périodique et critique Dalloz.
D. H. . . . . Recueil hebdomadaire de jurisprudence Dalloz.
Rép. prat . . . . Répertoire pratique Dalloz.
Nouv. C. Civ ann. Nouveau Code Civil annoté Dalloz.
C. proc. civ. . . Nouveau Code de Procédure civile annoté Dalloz.
R. . . . . Répertoire alphabétique de législation, de doctrine
        et de jurisprudence Dalloz.
J. O. . . . . . . Journal officiel.
Gaz. Pal. . . . . Gazette du Palais.
Gaz. Trib. . . . . Gazette des Tribunaux.
Rev. Loyers . . . Revue des Loyers.
Cass Civ. . . . . Cour de Cassation. Chambre Civile.
Cass. Req. . . . . Cour de Cassation. Chambre des Requêtes.
Com. Sup. de Cass. Commission Supérieure de Cassation.
Trib. civ. . . . . Tribunal civil.
Trib. com. . . . . Tribunal de commerce.

EXEMPLES DES RENVOIS

D. P. 1927.1.312 signifie Recueil périodique et critique Dalloz,
année 1927, 1re partie, p. 312.
D. H. 1926.402 signifie Recueil hebdomadaire de jurisprudence Dalloz,
année 1926, p. 402.
Gaz. Pal. 1925.2.92 signifie Gazette du Palais, année 1925, 2e partie,
page 92 (1).
Rev. Loyers 1923.38 signifie Revue des Loyers, année 1923, p. 38 (2).

---

1. Les décisions accompagnées du numéro de la Gazette du Palais n'ont pas encore
été publiées dans les recueils mensuels à la date de l'impression de cet ouvrage.

2. A titre exceptionnel, la Revue des Loyers de l'année 1921 a été divisée en deux
parties correspondant chacune à la moitié de l'année. — Rev. Loyers 1921.1.162 signifie
donc Revue des Loyers, année 1921, 1re partie, p. 162.

AVERTISSEMENT

L'excellent accueil réservé par le monde judiciaire à notre *Traité des baux commerciaux et industriels*, nous a créé l'obligation de le mettre à jour.

Tel est le but du Supplément que nous présentons aujourd'hui.

Nous nous sommes inspirés, pour sa rédaction, des mêmes principes qui avaient dirigé notre premier travail.

Dans une matière aussi neuve et aussi touffue, la principale qualité nous a paru la clarté. Nous nous sommes efforcés d'y atteindre en conservant le plan de notre ouvrage, avec ses divisions et ses titres, en adoptant les mêmes numéros pour les mêmes sujets, en groupant et en analysant, pour chaque question, sous une rubrique spéciale, toutes les décisions parues dans les recueils de jurisprudence jusqu'au 1er octobre 1928, ainsi que quelques autres décisions non encore publiées.

Du point de vue doctrinal, nous pensons toujours que la loi dite sur la « propriété commerciale », qui est destinée à s'incorporer à notre droit commun, ne doit pas être comprise comme un texte d'exception. Ses lacunes, ses imperfections, ses silences et ses contradictions apparentes doivent être logiquement résolus par l'examen du but poursuivi, lorsqu'il s'est clairement manifesté, et par l'application des règles générales du Droit et de la procédure.

C'est dans cet esprit que nous avons interprété la loi nouvelle, dont le sens et la portée ne sont généralement l'objet de nombreuses controverses qu'en raison du désaccord qui persiste, dans la doctrine et dans la jurisprudence, sur son caractère général et la place définitive qu'elle a prise dans nos Codes.

Pour faciliter les recherches, nous avons établi, à la suite de la table des matières du présent ouvrage, une table alphabétique générale, comprenant tous les sujets examinés dans le Traité et dans son Supplément. Cette table est précédée du texte de la loi du 27 mars 1928 et de la circulaire ministérielle relative à l'application des dérogations temporaires apportées à la loi du 30 juin 1926, dont le texte et les principes restent inchangés.

PREMIÈRE PARTIE

Du régime des baux commerciaux et industriels.

TITRE PREMIER

Généralités et obligations réciproques des parties.

CHAPITRE PREMIER

DÉFINITION. — CARACTÈRES GÉNÉRAUX

SECTION I. — Eléments constitutifs.

2-1. Consentement réciproque. *Jurisprudence.* — Dans deux arrêts récents des 15 février 1927 (Gaz. Pal. 1927. 1. 552) et 22 décembre 1927 (Gaz. Pal. 1928. 1. 301), la Cour de Paris a précisé le caractère nécessaire et suffisant de l'accord définitif intervenu entre les parties. Lorsqu'un écrit prévoit qu'un bail interviendra postérieurement, sans en contenir toutes les conditions, il ne constitue qu'un projet provisoire et ne vaut pas bail malgré son titre de promesse de bail. Par contre, lorsque la promesse de bail est complète et a été acceptée de part et d'autre, elle constitue un bail parfait, même lorsqu'elle n'a été sanctionnée par aucun écrit, la rédaction d'un acte ne valant que comme mode de preuve.

Il s'agit, en réalité, de l'application au contrat de bail de la théorie générale des contrats.

4-1. Le prix. *Jurisprudence.* — Les clauses destinées à éviter l'effet du cours forcé sont toujours annulées par les tribunaux. (Voir sur ce point : loyer stipulé en coupons de l'emprunt 4 % 1925 : Trib. civ. Seine, 21 janvier 1928. Gaz. Pal. 1928. 1. 456, *contra* : Trib. civ. Lyon, 20 juillet 1927. Gaz. Pal. 1927. 2. 730.)

La jurisprudence reste divisée sur le point de savoir si la nullité du bail doit être prononcée. En fait, il convient d'étudier dans chaque espèce si la stipulation particulière du prix a été déterminante de la convention. Dans la négative, sa disparition n'entraîne

pas celle du bail (Trib. civ. Belfort, 7 décembre 1927. Gaz. Pal. 1928.
1.149). Dans l'affirmative, le bail doit être déclaré nul. (Trib. civ.
Seine, 6 avril 1927. Gaz. Pal. 1927. 1. 749 ; Trib. civ. Lyon, 25 juin
1927. Gaz. Pal. 1927. 2. 730 ; Cour de Paris, 22 décembre 1927.
Gaz. Pal. 1928. 1. 301.)

8-1. **La durée**. — Le congé n'est assujetti à aucune forme particulière. Mais il est nécessaire, pour sa validité, qu'il soit incontestablement parvenu aux mains du destinataire (Cass. civ. 29 avril 1927.
Gaz. Pal. 1927. 2. 205).

La clause d'un bail qui prévoit que le congé sera donné avec un
préavis déterminé est valable et s'impose aux parties, même si le
préavis est d'une très faible durée, et quels que soient les usages.
Ceux-ci ne jouent qu'en l'absence de convention spéciale (Cour
d'Aix, 12 mai 1926. Rec. Marseille, 1927. 1. 171).

SECTION II. — Quelques contrats particuliers.

13-1. **Concessions**. — Aussi bien sur les dépendances du domaine
public que sur celles du domaine privé, l'Administration peut consentir des concessions. Ces concessions ont des caractères et des
effets particuliers qui les distinguent des contrats de location du
droit civil. Elles donnent au titulaire « un droit réel de jouissance
de nature administrative, analogue à l'emphythéose ; ce droit réel
est temporaire, révocable ou rachetable, selon les hypothèses », mais
l'Administration peut s'engager à ne pas user de son droit de révo-
cation ou de rachat pendant un certain nombre d'années (Hauriou,
Précis de Droit administratif, p. 688).

Ces concessions ne sont pas des baux, même si la personne publique s'engage à les maintenir pendant une certaine durée. Le
bénéficiaire d'un bail, en effet, n'acquiert qu'un droit personnel ;
il n'a pas l'exercice des actions possessoires, tandis que ces actions
appartiennent au concessionnaire.

C'est donc dans la nature des droits du titulaire que réside le critérium de la distinction entre le bail et la concession. Les autres
éléments sont secondaires.

Il peut, du reste, arriver que ces concessions n'aient de ce contrat
que le nom et constituent en vérité des contrats de location du droit
privé.

De semblables contrats peuvent être passés par les personnes
publiques sur les dépendances de leur domaine privé. Il semble
même qu'il puisse en être ainsi sur les biens de leur domaine pu-

blic, puisque le bail n'entraîne pas l'aliénation de la chose louée
et respecte ainsi le principe de l'inaliénabilité du domaine public.

La question est néanmoins controversée. (Voir les conclusions de
M. l'avocat général Cavarroc, sous Cour de Riom, 21 mars 1928.
Gaz. Pal. 1928. 1. 719.)

Si une véritable location se dissimule sous un contrat appelé « concession », il appartiendra aux tribunaux de dégager sa nature exacte
et d'appliquer les règles du droit civil.

CHAPITRE II
FORMES DU BAIL

15-1. Bail verbal et bail écrit. — La loi n'exige aucune forme pour
la conclusion d'un bail. Un acte sous seing privé, signé par les parties intéressées, n'est pas nécessaire. Le contrat peut simplement
résulter d'un échange de lettres. (Voir en ce sens : Cour de Colmar, 21 février 1928. D. H. 1928. 295.)

Les expressions de « bail écrit » et de « bail verbal » ne tiennent pas
à l'existence ou à l'absence d'un écrit constatant l'accord des parties. Seule, la durée permet de classer les contrats de location dans
la catégorie des « baux écrits » ou des « baux verbaux ». Si la durée
est fixe, prévue au contrat, il s'agit d'un bail écrit, quelle que soit
la forme même du contrat ; si la durée est indéterminée, l'acte est
un « bail verbal », même si l'accord est reconnu par un acte écrit
régulier.

C'est ainsi qu'un bail d'un an, renouvelable par tacite reconduction,
est un « bail verbal », car sa durée n'est pas limitée dans le temps.

15-2. *Jurisprudence.* — La Cour de Riom, par un arrêt du
22 novembre 1927 (Gaz. Trib. 9 mai 1928) a consacré ces définitions
qui présentent une réelle importance pour l'application de la loi
du 30 juin 1926.

Le Tribunal civil de la Seine, par décision du 25 février 1928
(Rev. Loyers, 1928. 448), a jugé qu'un bail d'une année, renouvelable par tacite reconduction, devait être considéré comme un « bail
verbal ».

CHAPITRE III

DROITS ET OBLIGATIONS RÉCIPROQUES DES PARTIES

SECTION I. — Obligations générales.

19-1. Caractère corrélatif. — En principe, l'obligation du preneur de payer le loyer est corrélative de celle du bailleur d'assurer la paisible jouissance de la chose louée. C'est une question délicate que celle de savoir dans quelle mesure l'inexécution par le bailleur de cette obligation autorise le preneur à différer le payement du loyer.

Il ne faut pas reconnaître aux parties le droit absolu de se faire justice elles-mêmes, mais laisser aux tribunaux le soin d'apprécier la gravité des manquements imputables à l'une ou l'autre d'entre elles.

19-2. *Jurisprudence.* — La Cour de cassation a récemment confirmé ces principes en jugeant, par un arrêt de sa Chambre civile du 21 décembre 1927 (Gaz. Pal. 1928. 1. 253 ; D. H. 1928. 82), que si les obligations du bailleur et du preneur sont corrélatives, ce dernier n'a cependant le droit absolu de se faire justice lui-même et qu'il appartient aux tribunaux d'apprécier la gravité des manquements du bailleur et de décider si le preneur peut ou non suspendre le payement de ses loyers.

SECTION II. — Etendue de la jouissance.

22-1. Enseignes. Panneaux-affiches. *Jurisprudence.* — La Cour de Douai, par arrêt du 22 juin 1926 (Rec. Douai 1926. 251), a jugé que, dans le silence du bail, le locataire pouvait apposer des inscriptions et panneaux-réclames sur les murs qui sont l'accessoire de la chose louée.

Le Tribunal civil de la Seine-Inférieure, par décision du 23 novembre 1927 (D. H. 1928. 99), a statué dans le même sens et reconnu au locataire commerçant qui a loué un appartement à usage de bureaux, le droit d'apposer des enseignes et des affiches relatives à son commerce sur les parties du mur correspondant aux lieux loués et sur le balcon. Comme contre-partie, le tribunal a refusé au bailleur le droit d'apposer des affiches sur la partie de l'immeuble louée au commerçant dont s'agit, ou de concéder ce droit à un tiers.

La Cour de Paris, enfin, par arrêt du 27 décembre 1927 (Gaz. Pal. 1928. 1. 138), a admis que, sauf clause prohibitive insérée dans le bail, le locataire commerçant d'un immeuble a le droit d'apposer, en façade sur la rue, une enseigne signalant la nature de son commerce, alors surtout que l'immeuble est situé dans un quartier essentiellement commerçant.

SECTION III. — Garantie contre le trouble de jouissance.

25-1. Location pour l'exercice d'un commerce similaire. *Jurisprudence.* — En l'absence de toute clause particulière, les tribunaux, d'une manière qui tend à devenir constante, permettent au propriétaire de louer une autre partie de l'immeuble pour l'exercice d'un commerce similaire à celui déjà exploité par un autre locataire. Citons en ce sens : Cour d'Alger, 1ᵉʳ février 1926. Journal des Tribunaux algériens, 13 juin 1927 ; Tribunal civil de la Seine Inférieure, 28 mars 1927. Gaz. Pal. 1927. 2. 258 ; Tribunal civil de Versailles, 11 mai 1927. La Loi, du 7 octobre 1927.

Cette dernière décision réserve le cas de fraude et le but de concurrence déloyale qui serait poursuivi par le propriétaire.

SECTION IV. — Obligation d'exploiter.

28-1. Interdiction de changer la destination. — Le changement complet de destination et la transformation du commerce prévus au bail sont des questions de fait. Elles s'apprécient suivant les circonstances de la cause, la commune intention des parties, et aussi d'après les usages du commerce et leur évolution.

Si les tribunaux constatent le changement de destination, ils en apprécient souverainement la gravité et prononcent soit la résiliation du bail, soit une condamnation à des dommages-intérêts.

Les locataires ont tendance à invoquer une acceptation tacite du propriétaire pour justifier leur changement de destination et invoquent souvent à cet égard le silence du bailleur et sa connaissance du nouvel état de choses.

Rappelons qu'une renonciation à un droit ne se présume pas et que, même si le propriétaire n'a pu ignorer les modifications apportées au commerce, il n'a pas, pour cela, abandonné ses droits. Son silence peut n'être que la manifestation d'une simple tolérance ; or la tolérance ne crée pas un droit. (Sur ce principe, voir Trib. civ. Seine, 15 février 1928, D. H. 1928. 191.)

L'autorisation du propriétaire ne pourrait, du reste, être prouvée par témoins. Cette preuve serait contraire aux termes de l'article 1341 du Code civil qui prohibe la preuve par témoins contre et outre le contenu des actes.

28-2. *Jurisprudence.* — Citons, à titre d'exemple, que par jugement du 11 juin 1927 (Gaz. Pal. 1927. 2. 680), le Tribunal civil de la Seine a estimé que le propriétaire était mal fondé à poursuivre la « résiliation d'un bail consenti à un pâtissier, sans fabrication, mais avec salon de thé, pour avoir installé un service de repas froids, comprenant des mets froids réchauffés ou cuits sans aucune odeur »... que la Cour de Paris, par un arrêt du 9 décembre 1927 (D. H. 1928. 188) a prononcé la résiliation d'un bail dont les lieux, à usage de restaurant, avaient été transformés en dancing ... que le Tribunal civil de Nevers, par décision du 16 février 1928 (Gaz. Pal. 1928. 1. 620) a jugé que l'exploitation d'un restaurant dans les lieux loués à usage de café n'était pas contraire au bail.

Cette dernière décision a posé, en principe, que la preuve de l'autorisation donnée par le propriétaire au changement de destination ne pouvait être faite par témoins.

SECTION V. — Paiement du loyer.

30-1. Loyer d'avance. *Jurisprudence.* — Les loyers d'avance, quelle que soit leur importance, et en l'absence d'une clause spéciale, ne portent pas intérêt au profit du locataire. Il n'en est pas ainsi lorsque la stipulation des loyers d'avance concerne une location bourgeoise ou professionnelle, sans caractère commercial. Dans ce cas, l'article 22 de la loi du 1er avril 1926 dispose que les sommes excédant celle qui correspond au loyer d'un terme porteront intérêt au profit du locataire au taux pratiqué par la Banque de France pour les avances sur titre. Ce texte ne s'applique pas aux locations commerciales. C'est ce qui a été jugé par le Tribunal civil de la Seine, le 16 février 1928 (D. H. 1928. 328).

Signalons, dans un autre domaine, un arrêt intéressant de la Cour de Paris, rendu au sujet des droits que peut conférer au locataire le versement d'un loyer d'avance. Cet arrêt, du 14 janvier 1927 (La Propriété commerciale, 1927, n° 11), décide que le versement des loyers d'avance par le locataire ne constitue pas un titre au maintien en possession au delà de l'expiration du bail, mais oblige seulement le bailleur à en tenir compte lors du départ du locataire.

TITRE II

Cession et sous-location. — Résiliation. Faillite.

CHAPITRE PREMIER

CESSION ET SOUS-LOCATION

SECTION II. — Droit de céder ou de sous-louer.

38-1. Portée des clauses ne visant que la sous-location. — La question est toujours discutée de savoir si la clause restrictive ou même prohibitive du droit de sous-louer laisse ou non au preneur la faculté de céder.

Le contrat de cession se distingue du contrat de sous-location et donne au bailleur des droits différents. Il n'est pas certain, comme cela est souvent affirmé, que la cession soit, pour le propriétaire, plus grave que la sous-location et que, par suite, l'interdiction de sous-louer doive impliquer celle de céder. Ce raisonnement est contestable, car la cession du bail donne au propriétaire un débiteur nouveau, le cessionnaire, qui est soumis à toutes les obligations du cédant, mais ce dernier reste encore soumis aux charges du contrat. La situation du propriétaire n'est donc pas nécessairement aggravée.

Il arrive souvent que les parties confondent dans un seul terme deux contrats distincts et visent à la fois la cession et la sous-location; mais, dans ce cas, la portée de la clause litigieuse résulte seulement de l'intention des parties, dont l'interprétation appartient souverainement aux tribunaux.

38-2. *Jurisprudence*. — La Cour de Paris, par un arrêt du 25 mars 1927 (Gaz. Pal. 1927. 2. 140), a admis, en s'appuyant sur le caractère particulier du contrat, que l'interdiction de sous-louer sans le consentement du bailleur laisse au preneur la faculté de céder le droit au bail sans ce consentement. La Cour de Rennes par un arrêt du 19 juillet 1927 (D. H. 1927. 549) a statué en sens contraire.

39-1. Clauses prohibitives. — Les clauses précises interdisant d'une manière absolue la cession ou la sous-location ne sont pas susceptibles d'interprétation. Les tribunaux doivent limiter leur rôle à les sanctionner. Et lorsque les sanctions sont prévues dans le bail il n'est possible ni de les éviter, ni de les modifier. En particulier, si le bail prévoit la résiliation de plein droit en cas de cession, ou bien en cas de cession par acte non authentique, la clause résolutoire doit être appliquée rigoureusement.

39-2. *Jurisprudence.* — La jurisprudence qui, à maintes reprises, a fait application de ces principes a encore eu l'occasion de les affirmer récemment. Citons, à titre d'exemple : un arrêt de la Cour de Paris du 25 juin 1926 (Gaz. Trib. du 13 novembre 1926), un autre du 16 mai 1927 (Gaz. Pal. 1927. 2. 140) et un arrêt de la Cour de Lyon du 3 février 1926 (Moniteur Jud. Lyon, 12 octobre 1926).

41-1. Clauses limitatives ou restrictives. Leur portée. — En présence d'une jurisprudence qui tend à interpréter la portée de ces clauses, et des décisions nombreuses qui ont été rendues sur ce point, la doctrine a cherché à poser des principes directeurs.

Signalons, à cet égard, un ouvrage de M. Josserand sur *L'Esprit des Lois et leur relativité* (p. 166) et une chronique de M. Savatier sur *L'Interdiction de sous-louer ou de céder le bail ; ses degrés divers ; ses effets* (D. H. 1928, Chronique, p. 29). Notons également qu'un rapport de M. le Conseiller Bricout, présenté à la Chambre des Requêtes en novembre 1927 (D. P. 1928. 1. 61), contient un exposé complet de la doctrine et la jurisprudence.

Les tribunaux et cours d'appel, en grande majorité, continuent à interpréter d'une manière large les clauses qui subordonnent la cession ou la sous-location à l'agrément du bailleur. Un droit de contrôle s'exerce sur les motifs de refus, qu'il s'agisse de locaux à usage d'habitation bourgeoise ou à destination commerciale ou industrielle.

La question n'est même plus laissée entièrement à l'interprétation souveraine des juges du fond et la Cour de cassation paraît vouloir se rallier à l'opinion soutenue par M. Josserand (Note au D. P.

1923. 2. 169. Voir *supra*, n° 50) et exercer un contrôle sur les caractères des motifs de refus allégués par le propriétaire.

41 2. *Jurisprudence.* — Parmi les nombreuses décisions, citons deux arrêts de la Cour de Paris du 16 mai 1927 et un arrêt de la Cour de Rennes du 4 avril 1927 (Gaz. Pal. 1927. 2. 140) qui reconnaissent aux tribunaux le droit d'apprécier souverainement les motifs du refus du bailleur. L'une des espèces statue à propos d'une location bourgeoise. (Voir également Cour de Caen, 23 mai 1926. Rec. Caen et Rouen 1927. 67 ; Cour de Lyon, 13 octobre 1926. Mon. Jud. Lyon, 26 août 1927 ; Cour d'Alger, 7 mars 1928. Semaine Juridique, 1928. 498). Citons en sens contraire, un arrêt de la Cour de Caen du 3 novembre 1927 (Semaine Juridique, 1928. 235.)

La Cour de cassation, Chambre des Requêtes, par un arrêt du 16 novembre 1927 (D. P. 1928. 1. 61, voir le rapport de M. le Conseiller Bricout), a jugé que la clause suivante : « les preneurs ne pourront céder leur droit au présent bail sans le consentement exprès et par écrit du Bailleur », ne constitue pas une interdiction absolue de céder le bail et ne permet pas au bailleur de refuser son consentement à la cession, sans motifs légitimes.

Cette décision est extrêmement importante. Elle constitue un revirement de jurisprudence très net. Jusqu'à présent, la Cour de cassation admettait que l'interprétation des clauses de cession ou de sous-location échappait à son contrôle. Elle admet maintenant le contraire, en termes particulièrement précis. Logiquement, elle sera conduite à apprécier le caractère de la gravité des faits que les juges du fond retiendront à l'appui de leur décision. (Voir *supra*, n° 50.)

42 1. **Nécessité d'une autorisation du bailleur.** — La nécessité pour le locataire de demander au bailleur l'autorisation prévue est une règle absolue que les tribunaux sanctionnent.

Le locataire doit justifier qu'il a fait les démarches nécessaires pour obtenir le consentement du bailleur. Faute par lui de ce faire, il pourrait encourir la résiliation du bail. Cette résiliation est obligatoire si le bail contient une clause résolutoire subordonnée à la violation d'une des clauses quelconques du bail ou prévoyant expressément ce point. Si le bail ne contient aucune disposition de cette nature, les tribunaux apprécieront et prononceront, soit la résiliation du bail, soit l'annulation de la cession avec des dommages-intérêts au profit du bailleur.

42-2. *Jurisprudence*. — Le Tribunal civil de la Seine, par jugement du 27 avril 1926 (Rev. Loyers, 1926. 404), a sanctionné l'obligation pour le locataire de demander l'autorisation de céder. Citons dans ce sens également un arrêt de la Cour de Lyon du 13 octobre 1926 (Mon. Jud. Lyon, 26 août 1927).

La Cour de cassation a récemment consacré la même opinion par un arrêt de la Chambre des Requêtes du 16 novembre 1927 (D. P. 1928. 1. 61).

44-1. Conséquences du refus du bailleur. — Si le bailleur laisse sans réponse la demande d'autorisation, ou s'il se refuse à l'accorder, le locataire doit-il saisir les tribunaux et attendre leur décision ? Peut-il, au contraire, prendre l'initiative de céder son droit au bail, quitte à faire juger par la suite que le bailleur était mal fondé dans son refus ?

M. Savatier (D. H. 1928, Chronique, p. 31, 5ᵉ alinéa) estime que cette seconde façon de procéder doit être admise. D'après lui, il s'agit pour le preneur, non de se faire justice à lui-même, mais d'interpréter les droits qu'un contrat lui donne sur un bien en possession duquel ce contrat l'a mis. Il n'y a pas faute pour lui à user, sur ce bien, des droits que lui accordait le contrat sainement interprété.

Une distinction nous semble nécessaire.

Les clauses limitatives ou restrictives peuvent se diviser, d'après leur sens général, en deux catégories : les unes consacrent, en principe, l'autorisation de céder ; les autres consacrent, au contraire, le principe de l'interdiction.

A titre d'exemple, on peut citer, pour les premières, la formule suivante : « Le preneur pourra céder son droit au bail, mais seulement à son successeur dans son commerce et sous réserve de l'agrément du bailleur », et pour les secondes, cette autre formule : « Il est interdit au preneur de céder son droit au présent bail, si ce n'est avec l'autorisation expresse et par écrit du bailleur. »

Dans le premier cas, l'opinion de M. Savatier peut être admise. La cessibilité est, en quelque sorte, un caractère conventionnel du bail. Le locataire estime mal fondée la résistance du bailleur au jeu d'une clause qui lui donne seulement un droit de contrôle. Le locataire cède son bail à ses risques et périls. Si les tribunaux ne trouvent pas légitime le refus du propriétaire, ils déclareront valable la cession. Ils sanctionneront, dans le cas contraire, l'erreur commise en annulant la cession et vraisemblablement en résiliant le bail.

Mais, dans le second cas, la même conduite du locataire serait inadmissible. Son bail, en principe, n'est pas cessible. Pour qu'il le devienne, il faut plus qu'un agrément du bailleur, il faut une autorisation spéciale, c'est-à-dire une manifestation de volonté précise, destinée à détruire le principe d'incessibilité contenu dans le contrat. Dans ces conditions, la cession, malgré le refus du bailleur, constitue une véritable violation des conventions intervenues, et les tribunaux sont dans l'obligation de donner à cette violation la sanction qu'elle comporte sans avoir à apprécier le bien fondé de l'attitude du bailleur.

Cette solution ne compromet pas les intérêts légitimes du locataire et ne transforme pas la clause restrictive en clause prohibitive.

Elle oblige simplement le preneur au respect d'une stipulation du bail.

Pratiquement, le locataire qui se heurte au refus ou au silence du bailleur va donc être obligé de s'adresser aux tribunaux, dans le cas où cette autorisation est indispensable. Cette nécessité peut lui causer un dommage sérieux, en particulier par le retrait de l'offre d'achat de son fonds de commerce. Mais, si les tribunaux estiment injustifiée l'opposition du bailleur, ils le condamneront à réparer ce préjudice dont il est responsable.

44 2. *Jurisprudence.* — La jurisprudence s'oriente dans ce sens. La Cour de Paris (16 mai 1927, Gaz. Pal. 1927. 2. 140) et la Cour de Rennes (19 juillet 1927, D. H. 1927. 549 et 4 avril 1927, Gaz. Pal. 1927. 2. 140) ont jugé que si le refus n'est basé sur aucune raison sérieuse et plausible le propriétaire abuse de son droit et le juge a le pouvoir de faire cesser sa résistance et d'accorder des réparations pécuniaires pour les suites dommageables qu'elle a causées. Il appartient naturellement au preneur de faire la preuve que le refus est injustifié (Nancy, 20 mai 1927. Gaz. Pal. 1927. 2. 615).

52 1. Vente forcée du droit au bail. *Jurisprudence.* — La Cour de Paris, par arrêt du 26 décembre 1927 (Gaz. Pal. 1928. 1. 578), a confirmé sa jurisprudence antérieure et admis qu'en cas de faillite la clause restrictive du droit de céder ou de sous-louer n'empêchait pas le syndic de comprendre le droit au bail dans l'adjudication du fonds de commerce, surtout lorsque le cahier des charges oblige l'adjudicataire à faire son affaire personnelle de l'agrément du bailleur au transfert du bail.

CHAPITRE II

CAS ET CLAUSES DE RÉSILIATION

69-1. Portée des clauses résolutoires. — Ces clauses ont continué à être appliquées d'une manière stricte par la jurisprudence. Elles produisent effet dès que l'événement prévu s'est réalisé, à moins que la contestation, soulevée par le locataire, ne présente un caractère sérieux.

69-2. *Jurisprudence.* — La Cour de cassation, par deux arrêts, l'un du 30 janvier 1928 (D. H. 1928. 185), l'autre du 28 février 1928 (D. H. 1928. 257), a maintenu le principe que le juge des référés pouvait ordonner l'expulsion d'un locataire dont le bail a pris fin par le jeu d'une clause résolutoire, à moins que le locataire ne soulève une contestation sur le fond de droit. Dans le premier arrêt, s'agissant du non-paiement d'un terme de loyer, la Cour suprême a estimé que la contestation du locataire qui alléguait, sans en justifier, que la quittance dépassait la somme due, et n'avait fait ni offres réelles de cette somme, ni opposition au commandement, n'était pas sérieuse. Dans le second arrêt, le refus du locataire de payer les loyers stipulés au bail, en cas d'action en réduction de prix, a été jugé sérieux, alors surtout que ce locataire avait fait des offres réelles du loyer légalement majoré. (Voir également Cour de Paris, 23 novembre 1927. Gaz. Pal. 1928. 1. 108 et 27 décembre 1927. Gaz. Pal. 1928. 1. 477. Cour de Cassation, 22 mai 1928 et 23 mai 1928. Gaz. Pal. 1928, n° 252.)

69-3. Exercice des clauses résolutoires. — Les clauses résolutoires n'entraînent, en général, la résiliation du bail que « si bon semble au bailleur ». Ce dernier n'est jamais obligé de s'en prévaloir. Cette formule a pour but d'empêcher le locataire d'obliger le bailleur à accepter une résolution qu'il aurait volontairement provoquée.

Elle ne saurait avoir pour conséquence de contraindre le bailleur à mentionner dans le commandement sa volonté d'user ou de ne pas user d'un droit que la clause lui donne.

69-4. *Jurisprudence.* — La Cour de cassation par deux arrêts de la Chambre des Requêtes des 7 juin 1926 et 30 janvier 1928 (D. P.

1928, 1. 63 et note) a admis cette opinion en considérant que la signification du commandement opère de plein droit la résiliation du bail, sans qu'il soit nécessaire que le bailleur y avertisse le locataire de sa volonté de faire jouer la clause.

Dans les espèces soumises à la Cour de cassation, la clause résolutoire contenait la formule usuelle : « si bon semble au bailleur ».

CHAPITRE III

FAILLITE ET LIQUIDATION JUDICIAIRE

SECTION I. — Résiliation du bail
et droit d'option du syndic.

82-1. Droit de cession ou de sous-location du syndic. *Jurisprudence.* — Nous avons vu (Voir *supra*, n°⁸ 52-1) que la Cour de Paris, par arrêt du 26 décembre 1927 (Gaz. Pal. 1928. 1. 573) avait confirmé sa jurisprudence antérieure et admis que le droit au bail pouvait être mis en adjudication avec le fonds de commerce, dont il constitue une dépendance, même si une clause du contrat exige le consentement du bailleur pour valider la cession ou la sous-location.

85-1. Clause de résiliation de plein droit. *Jurisprudence.* — Depuis l'arrêt de la Cour de cassation du 4 mai 1925 (D. P. 1925. 1. 141), la jurisprudence n'a pas eu à déterminer, à notre connaissance, la portée d'une clause de résiliation de plein droit du bail en cas de faillite ou de liquidation judiciaire et à rechercher si cette clause n'était pas contraire au caractère d'ordre public des dispositions de l'article 450 du Code de commerce.

Signalons toutefois que la Cour de Paris, statuant comme juridiction d'appel d'une ordonnance de référé, a décidé, par arrêt du 27 décembre 1927 (Gaz. Pal. 1928. 1. 477) que le juge des référés doit renvoyer au principal lorsque le syndic, pour éviter l'expulsion, soutient que la clause de résiliation de plein droit en cas de faillite n'est pas opposable à la masse des créanciers, la contestation, dans ce cas, présentant un caractère sérieux.

87-1. Résiliation en cours d'exécution. *Jurisprudence.* — Lorsque le propriétaire s'est prévalu avant la faillite d'une clause résolutoire, pour non-payement des loyers, par exemple, et que le délai prévu pour le jeu de cette clause est en cours à la date du jugement déclaratif, la jurisprudence persiste à ne pas tenir compte de la situation nouvelle qui en résulte et écarte, dans cette hypothèse, l'application de l'article 450 du Code de commerce.

Citons à cet égard un jugement du Tribunal civil de Bourg du 27 octobre 1927 (Gaz. Pal. 1927. 2. 854), et un arrêt de la Cour de Lyon du 12 mars 1928 (Gaz. Pal. 1928. 2. 92). Par cette dernière décision, la Cour de Lyon a estimé qu'il incombait au syndic, dès son entrée en fonctions, de faire tous actes nécessaires pour la conservation des droits du failli et de régler les loyers arriérés pour éviter la résolution, et que cette obligation était tout à fait indépendante du droit d'option prévu à l'article 450 du Code de commerce.

DEUXIÈME PARTIE

Du renouvellement des baux commerciaux et industriels.

PROPRIÉTÉ COMMERCIALE

LIVRE PREMIER

Considérations générales sur la loi du 30 juin 1926.

TITRE PREMIER
Historique.

TITRE II
But de la loi et doctrines en présence.

TITRE III
Caractères de la loi.

CHAPITRE PREMIER
CARACTÈRE TRANSACTIONNEL

CHAPITRE II
CARACTÈRE GÉNÉRAL ET DÉFINITIF

151-1. Caractère définitif. — La loi du 30 juin 1926 — c'est un point sur lequel il convient d'insister — est une loi de droit commun, à caractère définitif. Le législateur a apporté certaines modifications aux principes du Code civil et a voulu en assurer une application permanente. Sans doute, ces modifications tiennent-elles compte dans une large mesure des nécessités de la période d'après-guerre, mais leur principe a une origine plus lointaine qui dépasse les circonstances qui ont précipité le vote de la loi.

Celle-ci n'est donc pas exceptionnelle ; la règle d'une interprétation restrictive ne doit pas être suivie, et, en cas de difficultés sur l'application d'une disposition de la loi nouvelle, c'est aux principes ordinaires qu'il convient de recourir.

CHAPITRE III

CARACTÈRE D'ORDRE PUBLIC RELATIF ET CARACTÈRE RÉTROACTIF

153-1. Clauses contraires. — L'article 13 § 1ᵉʳ, prononce la nullité « *des clauses, stipulations et arrangements intervenus dans le but de faire échec au droit de renouvellement* ».

La portée de ce texte est précise.

La nullité ne frappe que les clauses ayant pour objet de faire échec au droit au renouvellement. Il faut que les signataires du bail se soient proposés d'écarter l'application de la loi. Ne constitue donc pas une clause contraire à la loi, celle qui, par exemple, permet la résiliation du bail en cas de vente de l'immeuble ou en cas de démolition ou pour tout autre motif. Dans ces cas, en effet, le locataire, dont le bail est résilié, a droit à l'application de la loi; le seul effet de la clause de résiliation est de faire jouer la loi plus tôt : à l'époque de la résiliation et non à l'expiration normale du bail (Voir *infra*, nᵒˢ 173-1 et s.). Les clauses de résiliation qui nous occupent ne tombent donc pas sous le coup de l'article 13. Elles n'écartent pas l'application de la loi.

Si de semblables clauses devaient être considérées comme nulles, en vertu de l'article 13, elles ne produiraient aucun effet, c'est-à-dire que le contrat de location se perpétuerait comme si aucune résiliation n'était intervenue. Une pareille conséquence est insoutenable.

La clause contraire, visée par l'article 13, doit nécessairement être intervenue à une époque où le bénéfice de la loi pouvait être escompté.

Il n'est pas indispensable qu'elle soit postérieure à la promulgation de la loi du 30 juin 1926. Il suffit qu'elle remonte à une date où le droit au renouvellement, sans être encore en vigueur, pouvait être espéré.

Le législateur lui-même a, du reste, envisagé les arrangements conclus antérieurement à la loi et maintenu seulement ceux « *ayant pour but de fixer la sortie du locataire* » lorsqu'ils sont intervenus sous la médiation du juge.

(Voir sur la portée des clauses de démolition insérées dans les baux de terrains, *infra*, nᵒ 197-1.)

153-2. *Jurisprudence*. — La jurisprudence n'a pas encore dégagé le critérium permettant de faire rentrer telle ou telle clause dans la catégorie visée par l'article 13. C'est ainsi que le Tribunal civil de la Seine, par jugement du 24 novembre 1927 (Rev. Loyers, 1928. 134), a décidé qu'une clause de résiliation du bail en cas de vente de l'immeuble, insérée dans un bail de 1911, n'a pas été faite dans le but de faire échec à la loi et doit conserver son entier effet. Nous venons de voir que cette clause entraînait bien la résiliation du contrat, mais que ses conséquences étaient limitées par l'application de la loi du 30 juin 1926.

Le même Tribunal, par jugement du 28 novembre 1927 (Rev. Loyers, 1928. 187), a admis que la clause de résiliation d'un bail en cas de vente ou de démolition est nulle par l'application de l'article 13 de la loi. Nous pensons que l'article 13 n'annule pas cette clause, mais en restreint seulement les effets.

153-3. Renonciation à l'indemnité d'éviction. *Jurisprudence.*— Il est évident que la renonciation à l'indemnité d'éviction est nulle, à moins toutefois d'être postérieure au bail (Voir *supra*, n° 156). Cette indemnité n'est que la sanction du droit au renouvellement du locataire. C'est ce qui a été jugé par le Tribunal civil de la Seine, par décision du 20 mars 1928 (Rev. Loyers, 1928. 447), à propos d'une telle clause insérée dans un bail du 1er avril 1922.

161-1. Caractère rétroactif. — Le caractère rétroactif de la loi est certain. Les dispositions nouvelles s'appliquent à toutes les situations antérieures, et il n'a jamais été dans l'intention du législateur d'en limiter le bénéfice aux contrats conclus postérieurement au 30 juin 1926.

161-2. *Jurisprudence*. — C'est ainsi que la Cour de Douai, par arrêt du 6 décembre 1927 (Rec. Douai, 1928, p. 35), a jugé que la loi du 30 juin 1926 a, dans toutes ses dispositions, un effet rétroactif. (Voir dans le même sens : Tribunal civil du Puy, 25 février 1928. Gaz. Pal. 1928. 1. 653 et, *contra*, Tribunal civil de la Seine, 24 novembre 1927. Rev. Loyers, 1928. 134).

LIVRE II

Conditions d'application de la loi.

CHAPITRE PRÉLIMINAIRE

PRINCIPE GÉNÉRAL

170-1. Date à laquelle se fixent les droits des parties. — Une question d'un intérêt capital se pose dans toutes les discussions relatives à l'application de la loi du 30 juin 1926. A quel moment convient-il de se placer pour apprécier les droits respectifs du locataire et du propriétaire ?

La loi n'accorde au locataire qu'un court délai pour former sa demande (Voir *supra* n°° 302 et s.). Convient-il de se placer à la date à laquelle elle est formée pour rechercher si toutes les conditions légales sont remplies, sans attacher aux événements postérieurs une influence quelconque ?

Il faut établir une distinction entre la situation du locataire et celle du propriétaire.

§ Ier.

170-2. Droits du locataire. — La demande du locataire est indispensable à l'exercice régulier de son droit. Avant elle, le droit au renouvellement existe sans doute, mais il existe seulement en puissance, à titre de simple possibilité. Au contraire, la demande régulièrement faite dans le délai voulu lui donne une réalité certaine et lui permet de produire ses effets.

D'une façon générale, il est logique d'admettre que c'est à la date même où le bénéfice d'un droit est invoqué que les conditions nécessaires à son exercice doivent être remplies.

Ce qui peut faire hésiter sur l'application pure et simple de ce principe à la loi du 30 juin 1926, c'est que le nouveau bail ne commencera à courir qu'un an et demi au moins après avoir été demandé. Pendant ce temps, l'instance se déroulera ; des événements nouveaux surgiront. N'y a-t-il pas lieu d'en tenir compte ?

Cette objection ne doit pas être retenue, car elle est contraire à la règle générale du droit qui donne seulement aux jugements un effet déclaratif. Les tribunaux doivent se placer au jour de la demande en justice pour apprécier les droits invoqués. Ceux-ci doivent exister *ab initio* (Voir Cass. civ. 26 févr. 1901. D. P. 1904. 1. 621. Voir aussi Glasson et Colmet-Daage, *Précis de Procédure civile*, 2ᵉ éd., t. I, nᵒ 577 et Répertoire Pratique Dalloz, Jugements et arrêts, nᵒˢ 584 et s.).

Il y aurait, au surplus, une impossibilité pour les tribunaux à apprécier les droits du locataire en se plaçant à l'expiration du contrat.

Ils sont, en effet, obligés de statuer avant ce moment-là, étant saisis du litige au cours même du contrat ; la pensée constante du législateur a été de faire régler la question du nouveau bail (ou de l'indemnité) avant la fin de l'ancien. Comment, dans ces conditions, les tribunaux pourraient-ils imaginer ce qui se passera dans une période postérieure à leur décision et accorder ou refuser le bénéfice de la loi, en se fondant sur des hypothèses ?

Cet argument, d'ordre pratique, confirme la nécessité de n'envisager que la date de la demande pour rechercher si la situation du locataire et les conditions de son exploitation sont bien conformes aux exigences légales.

170-3. *Jurisprudence.* — Les tribunaux n'ont pas encore eu à juger en elle-même la question que nous discutons et à en dégager le principe.

Il en a été fait application par le Tribunal civil de Grenoble qui, par jugement du 28 avril 1927 (Res. Sommaires, 1927, nᵒ 3217), a décidé qu'il fallait considérer la nationalité du locataire en se plaçant à la demande faite au propriétaire. (Voir également en ce sens Trib. civ. Bourg, 6 déc. 1927. La Loi, 27 juin 1928.) Au contraire, il a été jugé par le Tribunal civil de Melun, le 14 juin 1927 (D. H. 1927. 475), que la durée de l'exploitation devait avoir deux années au moment de l'expiration du bail, et qu'il importait peu que ces deux années ne soient pas révolues lors de la demande de renouvellement.

170-4. Conséquences du principe. — C'est donc au jour de la demande que le locataire doit remplir les conditions exigées par la loi.

S'il est étranger, le droit au renouvellement ne lui appartient pas. (Voir *infra*, nᵒˢ 268 et s.). Si son exploitation commerciale ne remonte pas à plus de deux années, la même solution s'imposera. D'autres exemples pourraient encore être choisis. C'est le même principe qu'il conviendrait de leur appliquer.

170-5. Possibilité d'une cession postérieure à la demande. — Lorsque le droit est demandé, la loi n'interdit pas d'en céder le bénéfice avec le fonds, mais le cessionnaire, conformément aux règles du droit commun, ne saurait avoir plus de droits que son cédant, et les exceptions opposables à ce dernier paralysent également son droit. (Sur les conditions de la cession, voir n°s 417 et s.)

L'interdiction de la cession, prévue à l'art. 9 de la loi du 30 juin 1926, ne s'applique pas à la période qui s'écoule entre la demande de renouvellement et la fin du bail.

Néanmoins, la cession ne donnera pas au cessionnaire un droit propre, distinct de celui dont le bénéfice aura été demandé par son cédant. Un droit propre serait, du reste, irrecevable puisque son exercice aurait lieu en dehors des délais fixés. Le droit dont le cessionnaire usera sera celui que son auteur aura invoqué. Il s'appréciera donc en la personne du cédant. Si, par exemple, à la date de la demande, le titulaire du bail était étranger, le cessionnaire français n'aura pas plus de droits que son auteur.

170-6. Effets des événements postérieurs à la demande. — Les événements postérieurs à la demande ne sont pas sans effets. Nous verrons que le propriétaire peut s'en prévaloir jusqu'à la date de l'audience, s'il y a un litige (Voir *infra*, n° 170-7.) D'autre part, ces événements peuvent entraîner la résiliation du bail. Le droit au renouvellement, accessoire du droit au bail, disparaît en même temps que lui, sauf dans les cas prévus par l'article 2, § 2 et 3 de la loi. (Voir *supra*, n° 153-1 et *infra*, n°s 171-1 et s.)

§ II.

170-7. Droits du propriétaire. — Les droits du propriétaire ne peuvent pas et ne doivent pas s'apprécier à la date de la demande du locataire.

Tout d'abord, la loi lui accorde certains délais pour faire valoir son droit de reprise. Ce droit ne peut être valablement exercé qu'après la demande et dans le délai imparti.

Par ailleurs, le propriétaire n'est qu'un défendeur à la demande en indemnité formée par le locataire. Jusqu'au jour des plaidoiries, il a le droit d'invoquer tous les faits qui seraient de nature à faire repousser les prétentions de son locataire, et aucune disposition ne l'oblige à faire état seulement des faits antérieurs à la demande. Si des abus de jouissance, postérieurs à celle-ci, présentent un caractère de gravité suffisant pour constituer un motif légitime de refus, il n'y a pas de raison pour l'empêcher de les invoquer.

Enfin, après que le nouveau bail aura été obtenu ou que l'indemnité aura été fixée, si le bail en cours vient à être résilié, le propriétaire se trouve dispensé des obligations que lui impose la loi du 30 juin 1926. Le droit au renouvellement tombe avec le bail. (Voir *infra*, n° 170-6.)

Les arguments invoqués par le propriétaire, en défense à la demande dont il est l'objet, sont des moyens. Conformément au droit commun, les moyens nouveaux sont recevables jusqu'au jour des plaidoiries, même en cause d'appel.

TITRE PREMIER
Nécessité d'un bail.

CHAPITRE PREMIER
NÉCESSITÉ D'UN LIEN DE DROIT.

---

§ I. — Occupants.

171-1. Exclusion du bénéfice de la loi. — Qu'ils soient de bonne ou de mauvaise foi, les occupants sont exclus du bénéfice de la loi. Celle-ci suppose l'existence d'un titre régulier, conventionnel ou légal, c'est-à-dire un contrat ou une prorogation. Elle ne s'étend pas aux personnes qui sont restées dans les lieux sans titre, uniquement par suite des difficultés d'expulsion, ou en vertu d'un délai de grâce.

Les délais qui sont accordés par le juge des référés ne constituent pas un titre et ne créent pas un lien de droit.

Par suite, tout locataire qui s'est maintenu dans les lieux, non en vertu des lois, mais en vertu des délais de grâce, ne saurait invoquer la loi du 30 juin 1926.

Cette conclusion n'est pas infirmée par la loi du 22 avril 1927 qui a modifié la rédaction du paragraphe 2 de l'article 14 de la loi du 30 juin 1926, en spécifiant que « *pour le renouvellement de ces baux* (baux ayant moins de deux ans à courir à partir de la promulgation de la loi) *et de ceux qui auraient pris fin au 30 juin* 1926, *la demande devra être formée avant l'expiration du bail et au plus tard dans les trois mois à partir du 15 avril* 1927 ». Certains esprits ont pensé que l'expression nouvelle « *et de ceux qui auraient pris fin au 30 juin* 1926 » permet d'assimiler les occupants aux locataires (Voir note dans Gaz. Pal. 1927, 2. 546).

Nous ne croyons pas que, par ce membre de phrase, le législateur ait voulu étendre aux occupants le bénéfice d'une loi qui suppose un lien de droit, sauf cas exceptionnels.

La loi du 22 avril 1927 n'a pas entendu modifier les principes posés par la loi du 30 juin 1926 et le membre de phrase sus-visé fixe simplement une question de délai pour les demandes afférentes aux baux qui étaient expirés au 30 juin 1926. Il ne faut pas lui attacher une autre portée, d'autant plus que les travaux préparatoires de la loi du 22 avril 1927 ne révèlent nullement l'intention du législateur d'étendre le bénéfice de la loi aux simples occupants.

A la séance de la Chambre des députés du 15 mars 1928 (*J. Of.*, p. 1554), lors de la discussion de la loi du 27 mars 1928, M. Tasso reconnaissait que les textes alors en vigueur excluaient les occupants en disant : « D'un côté, nous devons nous occuper du locataire sans droit, ni titre, puisque la loi a refusé de lui en reconnaître le bénéfice ».

Dans ces conditions, il paraît impossible de tirer un argument quelconque en faveur des occupants de la modification apportée par la loi du 22 avril 1927 à l'article 14 de celle du 30 juin 1926.

Observons qu'à titre transitoire, les occupants qui remplissent les conditions prévues à l'article 15, § 2 de la loi peuvent se prévaloir du droit au renouvellement. (Voir à cet égard *supra*, nᵒˢ 192 et 309).

171-2. *Jurisprudence.* — Les tribunaux, d'une manière presque constante, ont refusé aux occupants le bénéfice de la loi. Ainsi il a été jugé... par le Tribunal civil de Marseille, le 18 février 1927, et le Tribunal civil de Caen, le 5 juillet 1927 (Gaz. Pal. 1927. 2. 546) que le locataire dont le bail était expiré et non renouvelé par tacite reconduction ou prorogé à l'amiable ou par décision de justice et qui ne se maintenait plus dans les lieux au 30 juin 1926 que comme un occupant sans titre ne saurait bénéficier de la loi ;... par le Tribunal civil de Strasbourg, le 24 mars 1927 (Rev. Alsace-Lorraine, 1927 557) que le locataire qui, par un jugement définitif du Tribunal cantonal du 22 décembre 1925, a été condamné à évacuer les locaux ne peut se prévaloir de la loi du 30 juin 1926 même s'il avait obtenu du Tribunal cantonal, après le jugement ordonnant son évacuation, un délai de grâce jusqu'au 1ᵉʳ mai 1926 ; que ni la loi du 30 décembre 1925, ni celle du 31 mars 1926 n'ont voulu porter atteinte à la chose jugée et que les occupants, maintenus en vertu d'un délai de grâce dans les locaux, ne pouvaient jamais être considérés comme des locataires de bonne foi ;... par le Tribunal civil de Caen, le 11 juillet 1927 (Semaine juridique, 1928. 268) que l'ancien locataire qui n'occupe plus l'immeuble qu'en vertu d'un délai de grâce est exclu du bénéfice de la loi ;... par la Cour de Colmar, les 28 octobre et 15 novembre 1927 (Rev. Alsace-Lorraine, février 1928) que le commerçant qui, par jugement passé en force de chose jugée, a été condamné à évacuer les lieux ne pouvait être considéré comme locataire, quand bien même il aurait bénéficié de délais de grâce pour l'évacuation.

De même, le Tribunal civil de la Seine, par jugement du 10 novembre 1927 (Rev. Loyers, 1927. 757) a estimé : « que le demandeur s'étant vu refuser toute prorogation par décision de justice, doit être considéré comme se maintenant abusivement dans les lieux depuis février 1926, autrement dit que son droit était périmé depuis plus de quatre mois quand fut promulguée la loi du 30 juin 1926 ». Par une autre décision du 22 novembre 1927 (Rev. Loyers, 1928. 55) le même Tribunal jugeait que les occupants sans titre ne pouvaient bénéficier de la loi.

Enfin, cette jurisprudence vient d'être consacrée par la Cour de cassation qui, par arrêt de la Chambre des Requêtes du 7 juin 1928 (Gaz. Pal. 1928. 2. 127) décidait à son tour « que la loi du 30 juin 1926 suppose pour son application l'existence d'un bail entre le propriétaire et le locataire ; que si, aux termes de l'article 15, la demande de renouvellement du bail peut être faite pendant les six mois qui suivent la promulgation de la loi, par tout locataire qui justifie à l'origine de sa possession d'un bail écrit, c'est à la condition, si le bail est venu à expiration, qu'il ait été renouvelé par tacite reconduction ou prorogé soit par l'effet de la loi, soit par une décision de justice ».

§ II — *Baux résiliés.*

173-1. Bail résilié ou dénoncé postérieurement à la loi du 30 juin 1926. — Les alinéas 2 et 3 de l'article 2 de la loi du 30 juin 1926, introduits par la loi du 22 avril 1927, ont tranché d'une façon précise la situation des locataires dont le bail est l'objet d'une résiliation, soit par le jeu d'une clause invoquée par le bailleur à la suite de la réalisation d'un événement prévu, soit par la dénonciation à l'expiration d'une période du bail.

Les locataires, ainsi privés de leur titre, peuvent solliciter le bénéfice de la loi pour obtenir le renouvellement de leur bail résilié. Ils doivent adresser leur demande dans le délai spécial indiqué par la loi : un mois à partir du congé, de la demande en résiliation, ou de la notification de l'événement qui détermine la résiliation de plein droit.

Il ne semble pas que des difficultés sérieuses puissent s'élever sur ce point.

Lorsque la résiliation est postérieure à la promulgation de la loi, le droit du locataire est incontestable.

173-2. Résiliation antérieure à la loi. — La question se pose de savoir si le bénéfice de la loi peut être invoqué par le locataire dont le bail avait été résilié antérieurement à sa promulgation.

Il faut, en principe, répondre par la négative.

Le bail résilié n'existe plus ; le titre qu'il constituait a entièrement disparu et son ancien bénéficiaire ne peut plus trouver en lui le lien de droit nécessaire au jeu de la loi.

Cette solution est certaine. Mais il convient d'examiner plus à fond la situation qui a pu être faite au locataire après la résiliation.

Si aucune prorogation ne lui a été accordée, légale ou facultative, s'il est resté dans les lieux comme occupant sans titre, sa qualité d'ancien locataire ne lui est d'aucun secours (sauf à titre transitoire, en vertu de l'article 15). Il sera sans qualité pour invoquer la loi.

Si, au contraire, une prorogation a succédé au bail résilié, la situation juridique du locataire est tout à fait différente.

173-3. Résiliation suivie d'une prorogation. — Lors de l'application de la loi du 9 mars 1918, une controverse s'était élevée sur le point de savoir si la prorogation légale pouvait succéder à un bail résilié.

Un arrêt de principe de la Chambre civile (M. Sarrut, premier président, 1er décembre 1919, Rev. Loyers, 1920.184) avait décidé que la clause de résiliation mettant obstacle à l'exercice du droit de prorogation devait être tenue pour nulle et non avenue. La Commission supérieure de cassation, statuant dans le même sens (22 oct. 1925, Rev. Loyers 1925.674) précisait que : « la clause de résiliation en cas de vente de l'immeuble n'a d'autre effet que de faire cesser le bail ; le locataire se trouve par suite dans la situation de tout locataire dont le bail avait pris fin et à qui les lois exceptionnelles sur les loyers donnent la faculté de demander une prorogation ».

En vertu de cette jurisprudence constante, les baux résiliés ont été prorogés et la définition de la Commission supérieure a réglé définitivement leur statut juridique : le bail résilié a été considéré comme un bail terminé.

Le jeu de la clause de résiliation donnait le même résultat que l'arrivée de l'échéance prévue. Au titre ancien, qui était un bail conventionnel, succédait un titre nouveau, la prorogation établie par la loi, et acceptée par le propriétaire, ou imposée par les tribunaux.

Cette prorogation, juridiquement, était le prolongement même du bail dont elle maintenait les clauses en vigueur. Elle était un nouveau lien de droit entre le propriétaire et le locataire.

Dès lors, les baux résiliés, puis prorogés, doivent donner les mêmes droits aux locataires que les baux terminés, puis prorogés. La loi du 30 juin 1926 étant expressément applicable à ces derniers (Voir *infra*, n°s 190 et s.) elle est, dans les mêmes conditions, applicable aux premiers.

Le même raisonnement s'applique aux baux dénoncés, puis prorogés.

173-4. Objections à l'application de la loi. — Le droit au renouvellement des locataires prorogés après une résiliation n'a pas manqué de soulever des protestations et quelques tribunaux se sont refusés à le sanctionner. Les arguments invoqués ne nous paraissent pas décisifs.

Le premier consiste à mettre en opposition les lois sur les loyers qui n'ont eu qu'un caractère provisoire, qui s'appliquaient souvent à tous les occupants, avec la loi dite sur « la propriété commerciale », qui est permanente, et ne bénéficie qu'aux locataires réguliers.

La remarque est tout à fait exacte, mais elle n'enlève rien au fait indiscutable que le locataire prorogé est un locataire, et que sa prorogation est un titre régulier.

173-5. — Un autre argument fait valoir que les lois sur les prorogations n'ont pas pu avoir pour conséquence de faire disparaître les clauses de résiliation insérées dans les baux ; qu'elles ont pu en suspendre les effets, mais que ces clauses doivent jouer normalement à la fin des prorogations.

Ce point de vue est contraire aux termes formels des décisions de la Cour de cassation et de la Commission supérieure rappelées ci-dessus (Voir *supra*, n° 173-3).

Au surplus, cet argument est sans portée pratique depuis la loi du 22 avril 1927 qui a réservé le bénéfice du renouvellement aux locataires dont les baux étaient résiliés postérieurement à sa promulgation. L'argument aurait pour conséquence de placer le locataire dont le bail aura été résilié, puis prorogé, dans la même situation que ces derniers et de rendre encore moins discutable son droit d'invoquer la loi.

173-6. — Un troisième argument se fonde sur le raisonnement suivant tiré de l'article 13 de la loi du 30 juin 1926 :

« L'article 13 déclarant *nulle et de nul effet* » toute clause ayant
« en « *pour but* » de faire échec au droit au renouvellement, on doit
« déclarer valables les clauses qui n'ont pas ce but. Tel est le cas de
« la clause de résiliation insérée dans un bail à une époque où nul
« ne prévoyait l'existence de la loi. Cette clause étant valable
« doit produire tous ses effets et permettre au propriétaire de re-
« prendre possession des lieux. »

Ce raisonnement est exact dans sa première partie, mais sa dernière déduction est inadmissible.

La loi du 30 juin 1926, en effet, comme les lois sur les prorogations,
a eu pour conséquence de limiter la portée des clauses de résiliation
dont elle maintient la validité.

Elle est, nous l'avons vu (Voir *supra*, nᵒˢ 161 et s.) dominée par
son caractère rétroactif qui limite la portée des clauses et stipulations
existant antérieurement à sa promulgation dans la mesure où elles
font échec à l'application des dispositions nouvelles. (Voir *supra*,
nᵒˢ 153-1 et s.)

S'il est exact de dire que la clause de résiliation n'est pas nulle,
il faut se garder d'en conclure qu'elle doit produire tous les effets
prévus au moment de sa rédaction. Elle n'échappe pas à la règle
ci-dessus rappelée et ses effets se bornent à faire cesser le bail antérieurement à la date fixée pour son échéance.

D'ailleurs, l'article 13 ne peut pas être utilement invoqué en
faveur de la thèse de l'inapplicabilité de la loi.

Si nous considérons, en effet, une clause de résiliation postérieure
à la loi, le raisonnement rapporté ci-dessus, basé sur l'article 13, conduirait à dire qu'elle est nulle. Cette conclusion serait en contradiction formelle avec l'article 2, qui en proclame, au contraire, la validité, en précisant que le bail, auquel elle met fin, pourra être l'objet d'un renouvellement dont la demande doit être adressée dans le
délai fixé.

Cette disposition de l'article 2 confirme bien la règle qui s'impose
ici, à savoir que la clause est valable, mais qu'elle est limitée dans
ses effets. Elle a pour seul résultat de mettre fin au bail. Elle ne prive
pas le locataire du bénéfice de la loi.

173-7. Motifs de résiliation. — Il est bien évident que toutes les
explications ci-dessus s'appliquent uniquement aux clauses de résiliation visées à l'article 2, § 2, c'est-à-dire à celles qui prévoient « *un
événement dont la réalisation autorise le bailleur à demander la résiliation* ». (Voir *supra*, nᵒˢ 174 à 177.) Les événements les plus fréquemment prévus sont la vente de l'immeuble ou sa démolition.

Il serait impossible d'admettre la même solution en cas de résiliation prononcée judiciairement à cause d'un manquement du locataire à ses obligations : refus de payer le loyer, violation d'une clause du bail, abus de jouissance, modification de l'usage des lieux, etc... Dans ces cas-là, la loi ne saurait être utilement invoquée : la décision judiciaire fait disparaître le bail, elle enlève tout titre à l'ancien locataire qui devient un occupant auquel la loi ne peut pas s'appliquer. (Voir *supra*, nᵒˢ 171-1 et s.)

173-8. *Jurisprudence.* — Un jugement du Tribunal civil de la Seine a refusé le bénéfice de la loi à une location résiliée, puis prorogée en déclarant que la clause de résiliation devait produire ses effets « en raison du principe même de la non-rétroactivité des lois » (24 novembre 1927, Rev. Loyers, 1928. 134).

Dans une autre question, la Cour de Douai avait, au contraire, rappelé que « la loi du 30 juin 1926, sur le renouvellement des baux de locaux commerciaux a, dans toutes ses dispositions, un effet rétroactif » (6 décembre 1927, Rec. Douai, 1928. 35).

Le Tribunal civil de la Seine (31 janvier 1928, Rev. Loyers, 1928. 173), a refusé le droit au renouvellement à cause d'une clause de résiliation en cas de vente, en se basant sur l'article 13. En se fondant sur le même article, le même tribunal (28 novembre 1927, Rev. Loyers, 1928. 187), a statué en sens inverse, au sujet d'une clause prévoyant la résiliation en cas de démolition.

Le Tribunal du Puy (25 février 1928, Gaz. Pal. 1928. 1. 659) rappelle le caractère rétroactif de la loi, et décide que : « de toute évidence, la clause de résiliation, pas plus que celle relative à la remise des lieux en état à l'expiration du bail... ne peuvent plus être invoquées après la loi du 30 juin 1926 ».

La Cour de Nancy (12 novembre 1926, D. P. 1926. 2. 161. Gaz. Pal. 1926. 2. 716) avait statué dans le même sens avant le vote de la loi du 22 avril 1927.

§ III. — *Contrats particuliers.*

182-1. Locations à titre précaire. — Ces locations qui sont de véritables contrats de droit civil, intervenues entre des personnes privées, sont dominées par le caractère incertain et précaire de la jouissance. Elles concernent le plus souvent des terrains dont leur propriétaire, en attendant une utilisation prochaine, donne la jouissance en se réservant de la faire cesser à toute époque.

Il ne semble pas que la loi du 30 juin 1926 leur soit applicable.

182-2. *Jurisprudence*. — La Cour de Paris, par un arrêt du 31 janvier 1928 (Gaz. Trib., 12 mai 1928) a jugé que ne constituait pas un bail le contrat par lequel une partie concédait à l'autre le droit d'exploiter un terrain qu'elle se réservait la faculté de vendre ou de louer en tout ou en partie, étant convenu qu'en cas de vente ou de location, le concessionnaire devait laisser les biens vendus ou loués, sans aucune indemnité et alors que le preneur était seulement redevable envers le propriétaire d'une partie des profits qu'il pouvait tirer de son exploitation précaire.

182-3. Concessions. — Nous avons vu (Voir *supra*, n° 13-1) que ce qui caractérisait la concession, c'était la nature réelle du droit de jouissance concédé.

Lorsque le contrat intervenu entre la personne publique et le commerçant ou l'industriel assurera au preneur un droit réel, il n'y aura donc pas acte de location, au sens du droit civil, et la loi du 30 juin 1926 ne sera pas applicable.

Si, au contraire, le contrat appelé « concession » se confond, par sa nature et ses effets, avec un contrat de location ordinaire, il n'existera aucune raison d'écarter la loi du 30 juin 1926.

182-4. *Jurisprudence*. — Le Tribunal civil des Bouches-du-Rhône, par décision du 25 novembre 1927 (La Propriété commerciale, 1928, n° 12, p. 20) a jugé que la loi du 30 juin 1926 ne s'appliquait pas à un emplacement concédé par l'autorité municipale à une revendeuse, installée en plein air, sur une place publique.

Au contraire, la Cour de Riom, par arrêt du 21 mars 1928 (Gaz. Pal. 1928. 1. 719), tout en repoussant l'application de la loi pour d'autres motifs, a estimé que la jouissance temporaire, consentie par adjudication, moyennant une redevance périodique, de cases et de magasins dans les halles ou marchés couverts d'une commune, constituait un contrat de louage. (Voir spécialement pour les locaux dépendant des halles et marchés *supra*, n° 228 et *infra*, n° 228-1.)

CHAPITRE II

CONDITIONS DE DURÉE.

184-1. Bail écrit. — La loi ne fixe aucune condition de durée pour le bail lui-même. L'article 1ᵉʳ exige une exploitation de deux années sans faire allusion au bail. (Voir *supra*, nᵒˢ 246 et s.)

Il faut néanmoins que le bail ait une durée suffisante pour que la demande de renouvellement puisse être formée dix-huit mois au moins avant l'expiration du contrat. Dans cette mesure seulement, la durée du bail entre en ligne de compte au moment où se pose la question du bien-fondé de la demande du locataire.

Les deux années d'exploitation exigées par la loi peuvent se trouver contenues dans le bail en cours. Ce sera le cas général ; mais elles peuvent se placer à la fois dans le bail en cours et dans celui qui l'a précédé ou dans la location verbale, ou dans la prorogation, qui constituait le titre antérieur du locataire.

Il convient d'observer que les droits du locataire doivent s'apprécier à la date où il exprime sa volonté d'invoquer le bénéfice de la loi par sa demande de renouvellement de bail. (Voir *supra*, nᵒ 170-1.) La condition de deux années d'exploitation devra donc se trouver remplie à un moment où le bail aura encore entre deux ans et dix-huit mois à courir.

Cette conséquence nous paraît inévitable.

Au surplus, elle répond à une nécessité pratique, car le tribunal, chargé d'apprécier les droits du locataire et de vérifier que la condition de deux années d'exploitation est bien remplie, ne peut pas se fonder sur des faits postérieurs à sa décision. Or, celle-ci doit normalement intervenir avant la fin du bail.

184-2. *Jurisprudence.* — Un jugement du Tribunal civil de Seine-et-Marne (section de Melun, 14 juin 1927. D. H. 1927. 475 ; Gaz. Pal. 1927. 2. 571) donne une solution différente pour le motif suivant : « mais attendu que l'article 1ᵉʳ de la loi du 30 juin 1926, en exigeant, pour rendre recevable une action en demande de renouvellement, une durée d'exploitation de deux années des locaux loués commercialement, a entendu exiger une exploitation qui aurait deux années d'existence au moins au moment de l'expiration du bail ».

Nous ne partageons pas ce point de vue qui nous paraît contraire aux termes précis de l'article 1er et aux principes ci-dessus rappelés.

185-1. Bail verbal. — La loi exige une location verbale ou bail verbal de neuf années consécutives, sous réserve de l'application de l'article 15. (Voir *supra*, n° 192.) Il convient de remarquer à cet égard qu'une prorogation résultant de la loi du 9 mars 1918 ou des lois qui l'ont suivie ne saurait être considérée comme faisant partie de la location verbale et s'ajouter à sa durée.

185-2. *Jurisprudence.* — Voir Cour de Riom, 22 nov. 1927, Gaz. Pal. 1928. 1. 68 et Trib. civ. Seine, 25 février 1928. Rev. Loyers, 1928. 448.

CHAPITRE III

DISPOSITIONS TRANSITOIRES.

192-1. Occupation prolongée. *Jurisprudence.* — La Cour de Riom, par arrêt du 29 décembre 1927 (Gaz. Pal. 1928. 1. 190) a jugé que les locataires commerçants démobilisés doivent, pour bénéficier de l'article 15 § 2, avoir la double qualité de locataires commerçants et de démobilisés depuis une durée égale ou supérieure à cinq années avant la promulgation de la loi ; que l'on ne saurait exiger qu'ils aient été déjà commerçants avant leur mobilisation ; que le mot « installé » ne signifie pas « constitué » et qu'il suffit d'avoir eu la possession d'un fonds déjà créé, notamment, par un mariage en 1919 avec la locataire, propriétaire du fonds, alors d'ailleurs que depuis cette époque, c'est toujours le mari qui a été considéré comme locataire par le propriétaire, et qu'il a acquis la qualité de commerçant.

TITRE II

Nécessité d'une exploitation commerciale ou industrielle.

CHAPITRE PREMIER

OBJET DU BAIL.

197-1. Terrains. Clause de démolition à l'expiration du bail. — Le terrain ne bénéficie de la loi, à titre principal, que si des constructions y ont été édifiées et si ces constructions, faites à la connaissance du propriétaire, ont été « *dans la commune intention des parties, la raison même de la location* ».

Cette exigence est rigoureuse. Si le locataire commerçant ou industriel qui prend à bail un terrain, le fait avec l'intention de construire les locaux nécessaires à son exploitation, le bail peut ne comporter aucune obligation de construire. Alors, le propriétaire n'a pas loué pour que des bâtiments soient édifiés ; dans son esprit, la construction n'aura pas été la raison même de la location.

Ne peut-on soutenir qu'il en est toujours ainsi lorsque le contrat oblige le preneur à démolir ses constructions en fin de bail et à rendre le terrain nivelé ?

Cette clause est fréquente dans les baux de terrains. En général, le propriétaire a le choix : il peut conserver les constructions, avec ou sans indemnité, ou contraindre le locataire à remettre les lieux en état. Cette clause produit-elle des effets particuliers ?

Il est certain, tout au moins pour les baux consentis à une époque où la loi n'existait qu'à l'état de projet, que cette clause n'a pas été faite « *dans le but* » de faire échec au droit au renouvellement. Elle ne peut donc être déclarée nulle en vertu de l'article 13 (Voir *supra*, n° 153-1).

Du reste, et même pour les baux postérieurs à la loi, elle ne sraît pas de nature à écarter son application.

La clause subsiste, mais ses effets sont reportés a la fin du bail renouvelé.

197-2. *Jurisprudence*. — Il a été jugé que, dans le cas d'un bail de terrain remplissant les conditions de l'article 14, le propriétaire ne pouvait faire échec au droit du locataire qui a édifié des constructions, en se prévalant des clauses du bail aux termes desquelles il se serait réservé le droit de résilier à tout moment, sans indemnité, avec obligation pour le locataire de rendre le terrain débarrassé de toute construction et nivelé ; que ces clauses sont nulles en vertu de l'article 13 (Trib. civ. du Puy. Gaz. Pal. 1928. 1.653 et Trib. civ. Haute-Loire, 7 mars 1928. D. H. 1928. 296).

Par un arrêt du 17 mai 1927 (Gaz. Trib., 31 juill. 1927), la Cour de Paris a jugé que la loi du 30 juin 1926 n'était pas applicable au locataire d'un terrain pour les constructions qu'il a élevées sur ledit terrain, alors que ces constructions n'ont pas été la raison même du contrat conclu à titre essentiellement précaire, la résiliation pouvant intervenir à tout moment en cas de vente ou de construction d'un immeuble, à la requête du bailleur, après préavis de trois mois, sans indemnité, et le terrain, lors de la cessation du bail, devant être restitué complètement débarrassé de toute construction et nivelé.

202-1. Murs et toitures. — La location d'un mur ou d'une toiture ne saurait être, en général, considérée comme la location de locaux dans lesquels s'exploite le fonds de commerce. Il n'en pourrait être autrement que pour l'entrepreneur de publicité dont l'exploitation des emplacements loués forme l'objet même de son commerce.

En dehors de ce cas un peu spécial, la location d'un mur ne constitue qu'une location accessoire et ne peut être protégée par la loi que si elle est indispensable à l'exploitation du fonds et dans sa dépendance immédiate. (Voir *supra*, nº 221, et *infra*, 221-1 et s.)

202-2. *Jurisprudence*. — Il a été jugé : ...que la loi du 30 juin 1926 s'appliquait aux murs d'affichage loués par un entrepreneur de publicité (Trib. civ. Rouen, 11 avril 1927. Gaz. Pal. 1927. 2. 51); ...que la loi du 30 juin 1926 n'est applicable qu'aux baux des locaux et immeubles où s'exploite un fonds de commerce ou d'industrie, et ne peut concerner un mur loué pour l'affichage, ce dernier ne pouvant être assimilé à un local et considéré comme le siège ou la succursale d'une exploitation commerciale (Trib. civ. Hérault, 17 mai 1927. D. H. 1927. 489) ; ...que la loi ne protège pas le local où se trouvent les enseignes lumineuses (Trib. civ. Seine, 10 nov. 1927. Gaz.

Trib., 22 janv. 1928) : ...que le commerçant ou l'industriel qui loue, soit un mur d'immeuble pour y apposer des affiches, soit un emplacement pour y placer un panneau réclame, ne saurait en principe, se prévaloir de la loi du 30 juin 1926 ; qu'il en est autrement lorsque le locataire est une entreprise de publicité, les emplacements loués étant pour elle, non des locaux accessoires, mais les lieux mêmes de l'exploitation de son commerce. (Trib. civ. Seine, 18 novembre 1927. D. H. 1928. 146.)

203-1. Fonds de commerce donnés en location. — En dehors du cas prévu à l'article 6 de la loi, c'est-à-dire lorsque le bailleur est à la fois propriétaire de l'immeuble loué et du fonds donné en location (Voir *supra*, n° 204 et s.), l'exploitant d'un fonds, qui n'en est pas le propriétaire, est sans droit à invoquer le bénéfice de la loi.

Qu'il soit gérant véritable ou que la jouissance du fonds de commerce lui ait été donnée sous une autre forme, peu importe. Le droit au renouvellement du bail n'appartient qu'à celui qui exerce sur le fonds un droit de propriété.

203-2. *Jurisprudence.* — Il a été jugé... que la loi n'a pas conféré le bénéfice de ses dispositions à l'exploitant, mais au propriétaire du fonds, soit qu'il l'exploite lui-même, soit qu'il le fasse exploiter par un tiers (Trib. civ. d'Arras, 1er juin 1927. Gaz. Trib., 30 septembre 1927) : ...que le simple locataire d'un fonds est sans droit à se prévaloir de la loi, même à l'encontre de celui qui lui a donné son fonds à bail (Trib. civ. Chartres, 28 juillet 1927. Gaz. Pal. 1927. 2. 665) : ...que le gérant étant, en principe, un employé agissant pour le titulaire du fonds de commerce, celui-ci doit être considéré comme exerçant personnellement son commerce lorsqu'il a chargé un gérant de l'exploitation et que la loi ne peut être invoquée par le gérant (Trib. civ. Seine, Ordonnance du 8 mars 1928. D. H. 1928. 376).

Au contraire, il a été jugé par le Tribunal civil de Lisieux, le 18 juillet 1927 (Gaz. Pal. 1927. 2. 665), dans une espèce qui offrait des circonstances de fait tout à fait particulières, que le locataire d'un fonds était en droit d'invoquer le bénéfice de la loi vis-à-vis du locataire de l'immeuble qui lui avait donné son fonds en location.

CHAPITRE II

FONDS DE COMMERCE OU D'INDUSTRIE.

SECTION II. — Locaux accessoires.

221-1. Critérium de l'application de la loi. — Il résulte des travaux préparatoires (Voir *supra*, n°ˢ 221 et s.), que les locaux accessoires ne bénéficient de la loi du 30 juin 1926 que s'ils constituent des dépendances immédiates du fonds, et nécessaires à son exploitation.

221-2. *Jurisprudence.* — La jurisprudence s'est, en général, attachée à ce double critérium pour étendre l'application de la loi à des locaux qui ne constituaient pas le fonds de commerce lui-même.

Il a été ainsi jugé... qu'un hangar situé à une certaine distance du fonds, dont il est indépendant, et qui avait d'ailleurs fait l'objet d'une location spéciale, ne bénéficiait pas de la loi (Cour de Poitiers, 3 mai 1927, Gaz. Pal. 1927. 2. 51) ; ...que les locaux accessoires, tels que terrains, entrepôts, sont en dehors du domaine de la loi ; qu'il en est spécialement ainsi du terrain exploité par un horticulteur en dehors de son magasin de vente, alors surtout que le bail du magasin est antérieur à la location du terrain (Trib. civ Lyon, 11 mai 1927, Gaz. Pal. 1927. 2. 597) ; ...que le juge doit rechercher, lorsqu'il s'agit d'un local qui ne fait pas partie du fonds, s'il en est une dépendance indispensable ; que le chantier de bois, bien que situé loin du lieu où est domiciliée l'exploitation commerciale, bénéficie néanmoins de la loi si des marchés y sont traités, si la clientèle peut s'y adresser directement à un préposé, en sorte que les bureaux et chantiers sont des éléments inséparables du fonds (Trib. civ. Seine, 31 octobre 1927, Gaz. Pal. 1927. 2. 806) ; ...que la loi ne s'applique qu'à l'établissement principal, c'est-à-dire au local où le commerçant exerce effectivement sa profession et où il expose et vend sa marchandise, reçoit sa clientèle, fait ses tractations commerciales ; qu'il n'en est pas ainsi des locaux accessoires tels que hangars, dépôts, entrepôts, à moins de constituer des dépendances immédiates et absolument inséparables de l'établissement principal (Cour de Riom, 23 novembre 1927, Gaz. Pal. 1928.

1. 13) ; ...qu'une usine de fabrication sise en banlieue n'était pas protégée par la loi, lorsque le commerce s'exerçait à Paris et que la clientèle ne s'adressait pas à l'usine (Trib. civ. Seine, 29 novembre 1927, Rev. Loyers, 1928. 60) (N'y a-t-il pas, dans ce cas, fonds industriel ?) ; ...qu'il faut entendre par local où s'exploite le fonds de commerce ou d'industrie, celui où le commerçant est connu, où la clientèle sait qu'elle pourra le trouver, où est affichée son enseigne ; que la loi ne s'applique pas aux locaux accessoires, fussent-ils utiles ou même nécessaires à l'exercice du commerce, à moins qu'ils n'aient un lien absolu de dépendance immédiate avec le local où s'exerce le commerce (Trib. civ. de la Manche, 1er déc. 1927 D. H. 1928. 38) ;... que des locaux accessoires, indépendants du fonds, et où la clientèle n'est pas reçue, servant de remise à du matériel, et non à l'exploitation du commerce, ne sont pas protégés par la loi (Cour de Bordeaux, 24 avril 1928, Rec. Bordeaux 1928. 1. 20. Voir également Trib. civ. Nantes, 29 déc. 1926 et 22 fév. 1927. Rec. Nantes 1927. 250).

SECTION III. — Cas particuliers.

228 1. Locaux dépendant des halles et marchés. — Dans les halles et marchés, l'on rencontre souvent de véritables boutiques dans lesquelles s'exploite un commerce. La loi du 30 juin 1926 leur est-elle applicable ?

La solution dépend de la nature du contrat qui lie la personne publique et le commerçant.

S'il s'agit d'une véritable concession administrative (Voir *supra*, nos 43-1 et 182-3), la loi du 30 juin 1926 est inapplicable. Si, au contraire, il s'agit d'un contrat de location ordinaire, le commerçant aura droit à son renouvellement.

Il a été soutenu que, malgré le caractère de contrat de location, le titulaire d'une boutique dans les halles et marchés ne pouvait bénéficier du renouvellement de son contrat, en raison de l'affectation des lieux à l'exploitation d'un service d'intérêt public. Cette opinion prétend s'appuyer sur les travaux préparatoires de la loi et sur les termes de l'article 18, qui permet aux personnes publiques de s'opposer au renouvellement des contrats de location qu'elles ont consentis lorsque leur refus « *correspond* » à un intérêt public. Elle a été développée par M. l'avocat général Cavarroc dans les conclusions données à la Cour de Riom. (Voir sous arrêt du 21 mars 1928. Gaz. Pal. 1928.1. 719.) Nous ne la partageons pas. (Voir pour la discussion, *infra*, nos 530-1 et s.)

228 2. *Jurisprudence.* — La Cour de Riom, par arrêt du 21 mars 1928 (Gaz. Pal. 1928. 1. 719) a estimé que le contrat de location de cases ou magasins dans un marché constitue un contrat de location, mais que la loi du 30 juin 1926 était inapplicable, par suite de l'affectation des lieux à un service d'intérêt public.

229-1. Buffet-hôtel. — La question du buffet-hôtel est analogue à celle qui se pose à propos des boutiques concédées dans les halles et marchés. La solution dépend de la nature du contrat.

Si les éléments d'une location ordinaire se rencontrent et que le buffet-hôtel constitue un véritable fonds de commerce, la loi sera incontestablement applicable.

229 2. *Jurisprudence.* — La Cour de Douai, par arrêt du 30 novembre 1927 (Gaz. Pal. 1927. 2. 933) a confirmé un jugement du Tribunal civil de la même ville qui avait refusé le bénéfice de la loi au tenancier d'un buffet-hôtel installé dans l'enceinte du chemin de fer, motif pris de ce que cette installation précaire et révocable ne constituait pas un fonds de commerce.

231-1. Coopérative. *Jurisprudence.* — Il n'a jamais été dans la pensée du législateur d'exclure les coopératives du bénéfice de la loi. L'assimilation aux commerces ordinaires lui paraissait naturelle.

C'est dans ce sens que s'est prononcé le Tribunal civil de la Seine, par jugement du 9 juillet 1927 (Revue Loyers, 1927. 558) à propos d'une société coopérative dont l'objet était commercial et qui vendait à tout venant.

234-1. Etablissements d'enseignement. — A propos des établissements d'enseignement se pose la même question que pour les artisans et façonniers, celle du cumul des lois des 1er avril 1926 et 30 juin 1926.

Nous pensons qu'elle doit être tranchée de la même façon. (Voir *infra*, nos 238-1 et s.)

234-2. *Jurisprudence.* — Il a été jugé... par le Tribunal civil de l'Hérault (15 novembre 1927, Mon. Jud. Midi, 15 mars 1928) qu'une institutrice libre, directrice d'un pensionnat, n'était justiciable que de la loi du 30 juin 1926 et qu'il serait anormal que des locataires privilégiés puissent bénéficier des deux lois des 1er avril et 30 juin 1926, alors que le cumul n'a pas été consacré ; ...par la Commission supérieure de Cassation (arrêt du 2 février 1928, Gaz. Pal.

1928. 1. 421), qu'une société anonyme étant commerciale et soumise aux lois et usages du commerce, quel que soit son objet, un établissement d'enseignement, exploité sous cette forme était, sans qu'il y ait à rechercher la nature intrinsèque de ses opérations, sans droit à invoquer la loi du 1er avril 1926 pour les locaux où il est installé.

238-1. Artisans et façonniers. — L'article 18 de la loi du 30 juin 1926 déclare cette loi applicable aux artisans et façonniers que les lois fiscales des 31 juillet 1917 et 30 juin 1923 ont exonérés de l'impôt sur les bénéfices industriels et commerciaux. Les artisans et façonniers ainsi visés sont ceux qui n'utilisent pas d'autre concours que celui de leur femme, de leurs père et mère, de leurs enfants et petits enfants habitant avec eux, d'un apprenti de moins de seize ans et d'un compagnon. (Voir *supra*, nos 238 et s.) Nous avons montré (Voir *supra*, no 240) que la loi était applicable à tous les artisans et façonniers : à ceux qui exercent un véritable commerce, qui payent patente, qui sont inscrits au registre du commerce et qui sont imposés à la cédule des bénéfices commerciaux et industriels, en vertu des dispositions générales de la loi ; aux autres, c'est-à-dire à ceux qui sont visés par les lois fiscales ci-dessus rappelées, et ne sont pas réellement des commerçants, en vertu de l'article 18 dont les termes sont précis et formels.

241-1. Question du cumul de la loi du 30 juin 1926 et de la loi du 1er avril 1926. — La loi du 1er avril 1926 considère comme locataires professionnels les artisans et façonniers qui ne sont ni commerçants ni industriels, c'est-à-dire exactement ceux que protègent les lois fiscales du 31 juillet 1917 et du 30 juin 1923, et auxquels l'article 18 réserve le bénéfice de la loi du 30 juin 1926.

Deux lois protègent donc en même temps une même catégorie de locataires, en leur accordant des droits d'une nature tout à fait différente : une prorogation pouvant aller jusqu'au 1er avril 1931, avec une augmentation de loyer de 125 % jusqu'au 1er avril 1929, d'une part ; un renouvellement de bail pour une durée égale à celle du bail en cours, moyennant un loyer égal à la valeur locative réelle, d'autre part. Le droit de reprise du propriétaire ne peut pas s'exercer dans le premier cas.

Le législateur a déclaré que les intéressés ne pouvaient invoquer les deux lois et qu'ils avaient opté pour la loi sur la propriété commerciale en en réclamant le bénéfice. (Voir *supra*, nos 236 et 237 et les déclarations de M. Morand au moment du rejet de l'article 11 du projet voté par la Chambre le 18 décembre 1926.)

Il est regrettable que cette volonté n'ait pas été traduite dans un texte, ce qui eût évité la difficulté actuelle.

Les tribunaux se trouvent, en effet, en présence de deux dispositions légales qui accordent aux mêmes artisans et façonniers, à ceux qui ne font pas réellement des actes de commerce, des droits différents.

Il est contraire au bon sens qu'une même personne puisse successivement invoquer les avantages de deux législations ou qu'elle ait le droit de choisir entre deux systèmes différents. Il serait logique d'admettre que la loi du 30 juin 1926 a, sur ce point, implicitement abrogé la loi du 1er avril 1926.

Cette solution ne peut malheureusement pas être admise par la jurisprudence, car ce sont des juridictions différentes qui appliquent les deux lois. C'est la Chambre du Conseil du Tribunal civil et la Commission Supérieure de Cassation qui tranchent les difficultés soulevées par la loi du 1er avril 1926 ; celles de la loi du 30 juin 1926 appartiennent au Tribunal civil, à la Cour d'appel et à la Cour de cassation.

Cette dualité de tribunaux et de textes risque de prolonger la confusion. (Voir sur ce point un article de M. Bosviel, La Propriété commerciale, oct. 1927, p. 1 à 3. Voir aussi la réponse à M. Bouilly, Chambre 25 nov. 1927. *J. O.*, p. 3302.)

241-2. Essai d'une distinction. — Quelques auteurs et quelques tribunaux ont pensé résoudre le conflit en divisant en deux catégories les artisans et façonniers : ceux qui exercent une profession non commerciale et les autres, chaque catégorie étant obligatoirement placée sous le régime d'une loi et d'une seule : celle du 1er avril 1926 pour la première, celle du 30 juin 1926 pour la seconde.

Cette distinction confirme évidemment la solution adoptée par la jurisprudence pour la loi du 1er avril 1926 qui, ne protégeant que les locataires professionnels, ne saurait s'appliquer aux artisans et façonniers lorsqu'ils sont des commerçants.

Mais elle ne résout pas la difficulté relative à la possibilité du cumul des deux lois.

Elle considère, en effet, que les artisans et façonniers qui travaillent seuls, ou avec leurs parents, qui sont imposés à la cédule des traitements et salaires, qui ne sont pas inscrits au registre du commerce, sont des locataires professionnels pouvant invoquer la loi du 1er avril 1926. Mais ce sont précisément ces artisans et ces façonniers-là qui sont visés expressément par l'article 18 de la loi du 30 juin 1926.

241-3. *Jurisprudence.* — La Commission Supérieure de Cassation, dans deux décisions de principe (9 février 1928. Rev. loyers, 1928. 548 ; 15 mars 1928. Rev. Loyers, 1928. 520) a jugé que « seuls peuvent invoquer la loi du 1er avril 1926 les artisans ou façonniers qui ne sont ni commerçants ni industriels, tandis que ceux qui exercent un commerce ou une industrie ne peuvent se prévaloir que de la loi du 30 juin 1926, sans que le cumul des deux lois, ni même le choix entre l'une ou l'autre, soit permis aux intéressés ».

Ces deux décisions méritent quelques observations.

Une question de compétence se pose tout d'abord. On conçoit que la Commission Supérieure ait désiré mettre fin à une situation juridique complexe, parfois exploitée par des locataires de mauvaise foi. Mais on se demande en vertu de quel texte elle a pu interpréter une disposition de la loi du 30 juin 1926 dont l'application lui échappe absolument. Nous estimons que sur ce point, seule la Cour de Cassation pourra valablement se prononcer.

Il convient ensuite de remarquer que les propositions fondamentales des arrêts ci-dessus sont à l'abri de toute critique : 1° les artisans non commerçants peuvent seuls invoquer la loi du 1er avril 1926; 2° les artisans qui sont commerçants ne peuvent se prévaloir que de la loi du 30 juin 1926. Ces affirmations découlent des textes des lois eux-mêmes, et il est évident que le façonnier commerçant est mal fondé à réclamer la prorogation de la loi du 1er avril 1926, comme l'a jugé la Chambre du Conseil du Tribunal civil de la Seine (2e section, 18 janvier 1928. Rev. Loyers 1928. 489).

Mais on ne saisit pas comment la Commission Supérieure en déduit que les intéressés ne peuvent ni cumuler, ni même choisir.

Il semble que la Commission Supérieure n'ait pas recherché, ce qui était d'ailleurs en dehors de sa compétence, quels étaient les artisans visés par l'article 18 de la loi du 30 juin 1926. Elle aurait constaté que ce sont précisément les artisans qu'elle déclare non commerçants.

Il faut prendre parti entre les deux solutions suivantes : ou bien la loi du 1er avril reste applicable et le cumul existe ; ou bien la loi du 30 juin a implicitement abrogé la loi du 1er avril en ce qu'elle s'appliquait aux artisans, et ceux-ci, conformément aux déclarations de M. Morand, sont définitivement assimilés aux commerçants.

241-4. *Jurisprudence (suite).* — La Commission Supérieure de Cassation avait précédemment jugé que la loi du 30 juin 1926 ne pouvait priver les artisans et façonniers, locataires de locaux professionnels sans caractère commercial ni industriel, du bénéfice de la prorogation instituée à leur profit par la loi du 1er avril 1926 (30 mai 1927 et 7 juillet 1927. D. H. 1927. 541 ; 13 juillet 1927. D. H. 1927. 466). (Voir dans le même sens : Trib. civ. Seine, 16 févr. 1927. Rev. Loyers, 1927. 439 et Trib. civ. Seine, 17 juin 1927. Gaz. Pal. 1927. 2. 492 avec les trois arrêts précités et la note).

Une décision du Tribunal civil de la Seine, en s'inspirant des travaux parlementaires, avait statué en sens inverse (3 juin 1927, La Propriété commerciale, 1927, n° 10, p. 6). (Voir également Trib. paix Toulouse, 23 mai 1927, Rec. Sommaires, 1927. 3801).

Il a été par ailleurs, jugé... que le tailleur qui se contente de mettre en œuvre la matière première fournie par le client, en y ajoutant des accessoires, est un artisan façonnier, et qu'il a droit à la prorogation de la loi du 1er avril 1926 (Trib. paix Carcassonne, 5 déc. 1927. D. H. 1928. 163);...que le rhabilleur de montres, bien que faisant quelques ventes, est un artisan ayant droit à la prorogation (Com. Sup. 12 janvier 1928. Rev. Loyers 1928. 405);... qu'un cordonnier ayant un magasin avec vitrine n'est pas nécessairement un commerçant, cette qualité n'appartenant qu'à celui qui se livre à des actes de commerce et en fait sa profession habituelle. (Com. Sup. 5 janvier 1928. Rev. Loyers, 1928. 413) ; ... que la prorogation de la loi du 1er avril 1926 ne peut être accordée que pour des locaux affectés à l'exercice d'une profession sans caractère commercial. (Com. Sup., 1er déc. 1927. Rev. Loyers, 1928. 24.)

CHAPITRE III

CONDITIONS DE L'EXPLOITATION.

SECTION II. — Durée.

246-1. Durée de l'exploitation. — L'article 1er de la loi exige d'une façon très précise et pose comme première condition à son application, une durée d'exploitation de deux années au moins.

La durée du bail avait été seule prise en considération (Voir *supra*, n° 246) dans les projets de 1923. Mais le texte définitif ne vise en aucun cas la durée du bail écrit, si ce n'est pour déterminer la durée égale du bail nouveau. Au moment où se pose la question du bien fondé de la demande de renouvellement, la durée du bail intervient peu. (Voir *supra*, n°ˢ 184-1 et s.) Avant tout entre en ligne de compte la durée de l'exploitation du fonds de commerce et d'industrie. Le législateur accorde sa protection au fonds. C'est là sa préoccupation. Il ne favorise le renouvellement du bail que pour permettre la conservation de la richesse que représente le fonds. Il estime que pour constituer vraiment une richesse, l'exploitation doit en être assurée depuis au moins deux ans. Une durée moindre ne permet pas l'application de la loi.

247-1. A quel moment l'exploitation doit-elle avoir deux ans ? — Nous avons exposé par ailleurs (Voir *supra*, n°ˢ 170-1 et s.) que, d'une façon générale, il fallait se placer à la date de la demande de renouvellement pour apprécier les droits du locataire. Il n'existe aucune raison de déroger ici à cette règle.

Nous pensons donc que, pour pouvoir invoquer le bénéfice de la loi, le locataire doit justifier que le fonds de commerce qu'il possède dans les locaux loués est exploité depuis au moins deux ans au moment ou il adresse à son propriétaire sa demande de renouvellement.

Cette opinion se trouve d'ailleurs confirmée par le texte, puisque l'article 1ᵉʳ, en posant la condition de durée, emploie le mode présent : « *où s'exploite* »... « *est régi* », et que le début de l'article 2 réglemente immédiatement la première formalité de la procédure : la demande de renouvellement.

247-2. *Jurisprudence.* — Le Tribunal civil de la Seine (4 novembre 1927. D. H. 1928. 61), a jugé que lorsqu'il n'existe pas deux années d'exploitation à la promulgation de la loi, pour un bail terminé, ni à la date de la demande de renouvellement, le locataire n'a pas droit à un renouvellement.

En sens contraire, le Tribunal civil de Melun (14 juin 1927. D. H. 1927. 475 ; Gaz. Pal. 1927. 2. 571), a estimé que la loi exige que l'exploitation ait deux années d'existence au moment de l'expiration du bail et non lors de la demande de renouvellement.

TITRE III

Des conditions attachées aux personnes.

CHAPITRE PREMIER
PERSONNE MORALE.

CHAPITRE II
CESSIONNAIRE.

CHAPITRE III
LOCATAIRE PRINCIPAL ET SOUS-LOCATAIRE.

SECTION I. — Locataire principal.

255 1. Absence d'exploitation personnelle dans les lieux loués. — Si le locataire principal a sous-loué à une ou plusieurs personnes la totalité des lieux loués et n'y exerce plus aucun commerce ni industrie, il n'a pas droit pour lui-même au bénéfice de la loi et ne peut l'invoquer à titre personnel. Cette solution est conforme aux travaux préparatoires et au but de la loi. (Voir *supra*, n° 255.)

255 2. *Jurisprudence.* — Elle a été adoptée par la jurisprudence. C'est ainsi que le Tribunal civil du Nord (section de Lille), par jugement du 6 décembre 1927 (D. H. 1928. 14) a décidé qu'une société de brasserie, locataire principal, qui ne possédait dans les lieux dont elle demandait le renouvellement aucune exploitation commerciale ou industrielle ne pouvait se prévaloir de la loi.

Le Tribunal civil de la Seine a jugé dans le même sens, par décision du 19 décembre 1927 (D. H. 1928. 111), en reconnaissant que la seule qualité de locataire principal était insuffisante pour justifier le droit au renouvellement.

D'autres tribunaux se sont également ralliés à cette solution.

255-3. Cas d'une demande faite en faveur des sous-locataires. — Si le locataire principal n'a pas, à défaut d'une exploitation personnelle, le droit de demander pour lui-même le renouvellement de son bail, il semble possible de lui accorder ce droit lorsqu'il intervient en faveur de ses sous-locataires et pour protéger les fonds de commerce ou d'industrie qu'ils ont créés.

Nous verrons que le législateur a voulu protéger les fonds de commerce des sous-locataires au même titre que ceux des locataires principaux et que ce souci, que les travaux préparatoires de la loi du 30 juin 1926 laissaient déjà apparaître, est confirmée par la discussion et le texte de la loi du 27 mars 1928.

Or, pour protéger le droit du sous-locataire, il faut, à moins de lui accorder un droit direct à l'encontre du propriétaire — ce qui nous paraît inacceptable (Voir *infra*, n° 263-5) — que le locataire principal puisse obtenir un renouvellement qui profitera à ses sous-locataires, lorsque lui-même n'exploite plus dans les lieux.

Cette solution ne se heurte pas au texte de la loi du 30 juin 1926, dont l'article 1er vise seulement, en termes généraux, « *le renouvellement des baux à loyer des locaux et immeubles où s'exploite depuis au moins deux années un fonds de commerce ou d'industrie* », sans exiger que l'exploitation soit faite par le titulaire du bail lui-même.

Dans ces conditions, il est possible d'admettre que le locataire principal a le droit de former une demande de renouvellement lorsque cette demande doit profiter à un sous-locataire qui exploite dans les lieux, conformément aux clauses du bail principal, un commerce ou une industrie. Le droit au renouvellement qu'il obtient est, en quelque sorte, grevé de l'obligation d'accorder le bénéfice de la loi aux sous-locataires.

Du reste, si le locataire principal n'a pas droit au renouvellement pour une raison personnelle (qualité d'étranger, motif grave et légitime de refus), il ne peut obtenir de renouvellement et donner à ses sous-locataires plus de droits qu'il n'en a lui-même.

Nous pensons que, seul, le défaut d'exploitation personnelle dans les lieux ne saurait lui être opposé. (Voir pour le développement de cette théorie, *infra*, n° 263-15.)

255-4. *Jurisprudence.* — Deux tribunaux ont, à notre connaissance, admis la solution qui vient d'être proposée.

Le Tribunal civil du Puy, dans une espèce où le locataire principal ne possédait aucun commerce dans les lieux loués a, par jugement du 25 février 1928 (Gaz. Pal. 1928. 1. 653) décidé que ce dernier n'avait aucune vocation personnelle à obtenir le renouvellement de son bail en sa seule qualité de locataire principal, mais que pour permettre à ses sous-locataires commerçants de bénéficier du droit au renouvellement auquel ils pouvaient légitimement prétendre, il était indispensable qu'après leur avoir concédé le renouvellement sollicité, le locataire principal puisse à son tour l'obtenir du propriétaire.

Le Tribunal civil de la Haute-Loire s'est prononcé dans le même sens, par décision du 7 mars 1928 (D. H. 1928. 296).

255-5. Exploitation partielle des lieux par le locataire principal. — Il arrive souvent qu'un commerçant prenne à bail la totalité d'un immeuble en vue d'exploiter commercialement la boutique et les étages inférieurs et de sous-louer le surplus de l'immeuble, à usage d'habitation ou à d'autres commerçants. Dans cette hypothèse, le locataire principal peut-il obtenir un renouvellement pour la totalité des lieux ? La question est délicate.

Le locataire principal possède, dans les lieux loués, un fonds de commerce. Ce fonds mérite d'être protégé au même titre que s'il était exploité dans la totalité des lieux. L'on n'aperçoit pas de raison pour lui refuser le bénéfice de la loi.

Le propriétaire pourrait être tenté de soutenir que les lieux sont divisibles et que le renouvellement est limité aux seuls locaux dans lesquels s'exploite le fonds de commerce du locataire principal et que ce n'est que dans cette mesure que le bénéfice du renouvellement doit être admis.

Il est certain que la loi ne protège que le fonds de commerce et certains locaux accessoires, mais non ceux qui lui sont étrangers, ce qui est le cas, par exemple, des locaux sous-loués bourgeoisement dans d'autres parties de l'immeuble.

S'il suffisait au locataire principal d'exploiter une petite boutique dans l'immeuble pour obtenir le renouvellement de la totalité, la loi serait évidemment appliquée d'une manière que le législateur n'a pas prévue.

Le locataire principal peut objecter, par contre, que le bail est indivisible et qu'il n'existe qu'un seul contrat, avec un seul prix.

Cette indivisibilité n'est pas toujours absolue ; le contrat lui-même peut faire une distinction entre l'ensemble des locaux loués, notamment au sujet de leur destination respective. Cela permettrait d'admettre plus facilement un renouvellement partiel.

Au surplus, l'ancien bail ne subsiste que dans la mesure où la loi assure son renouvellement. Or, l'esprit de la loi n'est-il pas de limiter son application aux seuls locaux dans lesquels un commerce ou une industrie est exercé ?

Entre ces arguments, le choix est difficile.

Si l'on adopte la solution la plus restrictive, le locataire principal n'aurait droit pour lui-même qu'au renouvellement des locaux servant à son commerce.

Pour le surplus des lieux, il pourrait demander le renouvellement en faveur des sous-locataires qui exploitent un fonds. Ceux-ci seraient, vis-à-vis du propriétaire, dans la même situation que si le locataire principal n'exploitait aucun commerce dans les lieux loués.

255-6. *Jurisprudence.* — A notre connaissance, une ordonnance rendue au Tribunal civil de la Seine, dans une affaire Loyez c/ Maujauzé, le 19 avril 1928 (Rev. Loyers 1928.601), a admis que le locataire principal était en droit de ne demander le renouvellement que pour les locaux exclusivement employés à l'exploitation de son fonds de commerce. *A contrario*, il faudrait en déduire le droit, pour le propriétaire, de limiter le renouvellement à la même portion des locaux.

Le Tribunal civil de la Manche, par décision du 1er décembre 1927 (D. H. 1928.98) a jugé, à propos d'un bail unique, englobant divers immeubles qui étaient voisins, sans être contigus, que le renouvellement ne pouvait s'appliquer qu'aux seuls immeubles servant à l'exploitation du fonds de commerce.

(Sur l'impossibilité pour le locataire principal d'exercer le droit de reprise, voir *infra*, nos 447 et 449.)

SECTION II. — Sous-locataire.

§ I

263-1. Position du débat. — Les droits des sous-locataires sont toujours très controversés. La doctrine n'a pas encore pris parti (Voir notamment Note de M. Trasbot, D. P. 1928.4.178, 1re col., 179, 2e col., Rev. Loyers, 1928, p. 9, article de Me Archevêque) et la jurisprudence consacre des solutions différentes.

La première théorie refuse tout droit quelconque au sous-locataire, quelle que soit sa situation.

A l'opposé de cette théorie, celle du lien de droit direct reconnaît au sous-locataire un droit personnel au renouvellement à l'encontre du propriétaire.

Entre ces deux théories, se place la théorie intermédiaire de l'ayant cause, à laquelle nous nous sommes ralliés.

§ II

263-2. Première théorie : Aucun droit pour les sous-locataires. — Cette théorie, la plus brutale et la plus absolue, refuse aux sous-locataires, quelle que soit leur situation, tout droit quelconque au bénéfice de la loi.

D'après elle, ceux-ci sont sans droit, tant à l'égard du locataire principal, leur bailleur, qu'à l'égard du propriétaire de l'immeuble.

Cette théorie considère que la loi du 30 juin 1926 est une loi d'exception, devant s'interpréter strictement et dont l'application est limitée aux rapports des locataires et propriétaires.

263-3. Critique de cette théorie. — Il est inexact de prétendre que la loi du 30 juin 1926 constitue une loi d'exception, dont toutes les dispositions doivent s'interpréter restrictivement. Elle est une modification apportée au droit commun (Voir *supra*, n° 149), et son application doit être avant tout guidée par les principes que le législateur a entendu consacrer.

Au surplus, le texte même de la loi n'écarte pas expressément les sous-locataires. Les travaux préparatoires de la loi du 30 juin 1926 prouvent que le législateur s'est préoccupé de la situation du sous-locataire.

(Voir notamment Chambre des députés, séance du 5 mars 1919, *J. Of.*, p. 993 ; Chambre des députés, séance du 11 mars 1919. *J. Of.*, p. 1089 ; Chambre des députés, séance du 5 juin 1925, *J. Of.*, p. 2320 ; Sénat, séance du 2 avril 1924. *J. Of.*, p. 575).

Si la loi du 30 juin 1926 ne contient pas, à part de l'expression de « ayant cause ». dont le sens est général, une allusion directe aux droits des sous-locataires, la loi du 27 mars 1928 ne permet plus d'équivoque.

Son article 2, en effet, est ainsi conçu : « *Tout bénéficiaire d'une location à usage commercial ou industriel, dont le bail est venu ou viendra à expiration avant le 30 juin 1928, pourra, s'il est menacé d'expulsion, citer en conciliation, conformément aux paragraphes 1, 3 et 4 de l'article 2 de la loi du 30 juin 1926, le propriétaire du local à lui loué et au besoin celui qui, étant lui-même locataire de ce local, lui a sous-loué, et prétend indûment en exercer la reprise ou refuser le renouvellement. »*

Ce texte admet expressément que les sous-locataires possèdent des droits, qui ne sont pas précisés, mais qui sont certains.

263-4. *Jurisprudence refusant tout droit aux sous-locataires.* — La Cour de Paris, à deux reprises, a adopté la théorie la plus défavorable aux sous-locataires. Par un arrêt du 31 mai 1927 (Gaz. trib., 8 septembre 1927), elle a refusé à un sous-locataire tout droit au renouvellement. Elle a confirmé sa jurisprudence par un arrêt du 17 mars 1928 (Gaz. Pal. 1928. 1. 653). Dans cette espèce, elle a repoussé une demande de renouvellement formée par un sous-locataire à un locataire principal dont le bail n'expirait qu'en 1932 en « considérant que les lois des 30 juin 1926 et 22 avril 1927 n'étaient pas applicables dans les rapports du locataire principal à sous-locataire ».

Une autre Chambre de la Cour de Paris, par un arrêt du 9 mai 1928 (Gaz. Pal., 1928. 2. 23) a jugé en sens contraire. Elle a reconnu que la législation nouvelle était une législation de droit commun, destinée à protéger les fonds de commerce et qu'elle s'appliquait tant aux rapports des locataires avec les propriétaires qu'à ceux des sous-locataires avec les bailleurs et que, d'autre part, les sous-locataires faisaient partie des ayants cause visés par l'article 2 de la loi du 30 juin 1926. Ce dernier arrêt s'appuie, enfin, sur les termes de la loi du 27 mars 1928.

§ III

263-5. Deuxième théorie : Le sous-locataire a un droit direct. — Cette théorie accorde aux sous-locataires un lien de droit direct avec le propriétaire. C'est celle qui leur est le plus favorable. Elle les autorise, au moins lorsque le bail principal est expiré et ne leur permet pas d'obtenir du locataire principal le renouvellement sollicité, à s'adresser au propriétaire, comme si ce dernier avait contracté avec eux.

Cette théorie considère que la loi a voulu protéger le fonds de commerce et que celui du sous-locataire mérite d'être aussi bien traité que celui d'un locataire direct. Elle a le mérite de la simplicité, car elle évite toutes les difficultés que la théorie de l'ayant cause peut présenter.

263-6. Critique de cette théorie. — Nous ne croyons pas que la théorie du lien de droit direct résulte de la loi du 30 juin 1926 ou des lois subséquentes et doive être consacrée par les tribunaux.

En premier lieu, s'il est exact que le fonds de commerce du sous-locataire est aussi intéressant que tout fonds quelconque, il convient de ne pas oublier que la loi suppose comme première condition d'application, l'existence d'un lien de droit. L'occupant ne peut invoquer son bénéfice. (Voir *supra*, n°s 171 et 174-1 et s.) Or, précisément dans un autre domaine, celui de la loi du 1er avril 1926, la Commission Supérieure de Cassation a reconnu que le sous-locataire de locaux d'habitation avait un droit direct et personnel à la prorogation, à l'encontre du propriétaire, parce qu'il était un occupant de bonne foi et, à ce titre, protégé par cette loi. (Voir *supra*, n° 57 et Com. Sup. Cass., 24 mars 1927. Gaz. Pal. 1927, 2, 16). Cette jurisprudence ne conduit-elle pas à refuser au sous-locataire, simple occupant vis-à-vis du propriétaire, un droit direct à l'égard de ce dernier, dans le domaine d'application de la loi du 30 juin 1926 qui exclut la qualité d'occupant de bonne foi ?

Il est, d'autre part, certain que le contrat de sous-location, en lui-même, est incapable de créer un lien de droit direct entre le sous-locataire et le propriétaire.

Sans doute, dans certaines hypothèses, la loi permet au propriétaire d'agir directement contre les sous-locataires. Il en est ainsi en cas de non-paiement des loyers par le locataire principal (art. 1753 du Code civil), en cas de saisie-gagerie (art. 820 du Code de Proc. civ.). De même, la jurisprudence permet au propriétaire, en cas d'incendie, d'exercer contre les sous-locataires les droits qu'il tient des articles 1733 et 1734 du Code civil (Cass. civ., 13 janvier 1892. D. P. 92. 1. 509).

Ces exemples s'expliquent, soit par une disposition expresse de nos codes, qui ont voulu protéger d'une manière particulière les droits du propriétaire, soit par le fait même de l'habitation qui, en cas d'incendie, fait peser une présomption de faute sur tous ceux qui habitent la maison. (Voir note sous Cass. civ., 13 janvier 1892 précité).

Ils sont insuffisants pour donner, dans toutes les hypothèses, une action directe au propriétaire contre le sous-locataire et la majorité de la doctrine et de la jurisprudence en repousse le principe (Voir Dalloz, Répertoire Pratique, Louage, n° 998 et s.).

Du reste, même si le principe d'une telle action était admis, il n'en résulterait pas nécessairement que le sous-locataire ait un lien de droit direct à l'encontre du propriétaire et malgré les dérogations apportées par les articles 1753 du Code civil et 820 du Code de procédure civile, l'action directe du sous-locataire a toujours été repoussée. Elle n'est possible que si le propriétaire a commis un fait personnel, dont le sous-locataire a lieu de se plaindre (Voir Dalloz, Répertoire Pratique, Louage, n° 1000). Dans ce cas, il ne s'agit plus d'un lien de droit résultant d'un contrat, mais de l'application de l'article 1382 du Code civil.

Le sous-locataire n'aura pas davantage de lien de droit direct quand le propriétaire sera intervenu à l'acte de sous-location et aura déclaré l'avoir pour agréable. Cet agrément confirme la sous-location. Elle est une manifestation de volonté par laquelle le propriétaire accepte la sous-location, mais, sauf clause spéciale, elle ne saurait modifier les rapports juridiques en résultant. Le propriétaire n'entend pas, par sa présence au contrat, donner au sous-locataire un droit direct à son encontre; il renonce simplement à le critiquer et lui reconnaît ses effets normaux.

Pour admettre un droit direct, il faudrait donc apporter une dérogation au droit commun. Cette dérogation ne pourrait résulter que du texte même de la loi du 30 juin 1926 ou des lois postérieures.

263-7. La loi du 30 juin 1926 n'a pas créé un lien de droit direct. — Dans son texte même, la loi du 30 juin 1926 ne contient aucune disposition qui puisse faire admettre l'existence d'un lien de droit direct entre le sous-locataire et le propriétaire. Au contraire, l'article 2 contient l'expression « ayant cause » qui, dans sa généralité comprend les ayants cause de tout ordre. (Voir rapport de M. Puech, n° 1145, p. 17. *Supra*, n° 261.) Or, la qualité d'ayant cause exclut le lien de droit direct. Elle n'est génératrice que d'un droit oblique, dont les effets sont absolument différents de ceux résultant d'un droit direct. (Voir *infra*, n° 263-15.)

Dans les travaux préparatoires, la notion de lien de droit direct n'apparaît pas davantage. A la séance de la Chambre des députés du 5 juin 1923 (*J. Of.*, p. 2320), M. Humbert-Richard posait la question suivante : « Il est bien entendu que le sous-locataire et le cessionnaire n'ont de droits que dans la limite de ceux du locataire principal ? » Le président de la Commission lui répondait : « C'est bien évident. »

Un jugement du Tribunal civil de la Seine, rendu le 19 décembre 1927 (D. H. 1928. 111), pour admettre le droit direct, a fait état de déclarations qui auraient été prononcées par un rapporteur au cours de l'élaboration de la loi. D'après cette décision, le rapporteur en question aurait dit : « Le principal locataire en cette seule qualité n'est pas commerçant et n'a pas de fonds de commerce dans le sens que nous attachons à ce mot, autrement dit dans les locaux qu'il occupe, le sous-locataire, au moment de la fin du bail, exerce les droits du locataire principal qui s'efface définitivement ; il a un droit direct ».

Cette citation n'est pas accompagnée de références. Elle semble être le résultat d'une erreur.

Sa première partie figure dans le rapport de M. Puech, n° 1145, annexé à la 2ᵉ séance de la Chambre des députés du 29 mars 1925, à la page 17 ; mais sa partie finale reproduit l'opinion de M. Trasbot, exprimée dans le commentaire de la loi du 30 juin 1926 (D. P. 1926. 4. 264, col. I). Cette opinion apparaît un peu contradictoire, car il est difficile de prétendre que le sous-locataire exerce les droits du locataire principal et qu'il possède en même temps une action directe. L'un exclut l'autre.

En tout cas, cette opinion n'éclaire pas les travaux préparatoires de la loi du 30 juin 1926.

263 8. La loi du 27 mars 1928 n'a pas davantage créé un lien de droit direct. — Certains auteurs ont pensé que la loi du 27 mars 1928, dans son article 2, contenait la solution du problème des sous-locataires en consacrant, à leur profit, le droit au renouvellement de leur bail, et mettait fin aux difficultés nées à leur sujet en sanctionnant un droit direct.

Nous ne croyons pas que la loi nouvelle ait cette portée et les travaux préparatoires démontrent, au contraire, que le législateur a voulu confirmer la théorie de l'ayant cause qu'il avait déjà précédemment indiquée.

263-9. Portée de la loi du 27 mars 1928. — Sans doute l'article 2 déclare que « *tout bénéficiaire d'une location à usage commercial ou industriel* » menacé d'expulsion devra citer en conciliation « *le propriétaire du local à lui loué et au besoin celui qui, étant lui-même locataire de ce local, lui a sous-loué et prétend indûment exercer la reprise ou refuser le renouvellement* ».

L'on peut être tenté d'en déduire, qu'en règle générale, le sous-locataire, qui est sans nul doute visé par l'expression générique de « bénéficiaire d'une location à usage commercial ou industriel », doit s'adresser au propriétaire lui-même. Ce ne serait qu'en cas de besoin que le locataire principal serait mis en cause, c'est-à-dire lorsqu'il est en mesure d'accorder le renouvellement sollicité. En apparence, ce texte consacrerait ainsi la théorie du lien de droit direct.

Nous ne pensons pas que cette déduction soit exacte. Il serait, tout d'abord, assez surprenant qu'une disposition, dont l'effet est strictement limité à la durée d'une année à partir de la promulgation de la loi et aux baux venant à expiration avant le 30 juin 1928, ait créé dans un domaine ainsi doublement restreint, un droit nouveau général et permanent qui ne résulte pas de la loi du 30 juin 1926. Cela soulèverait, du reste, de grandes difficultés lorsque la période d'application de la loi nouvelle sera écoulée, et obligerait à faire, entre les sous-locataires, une distinction d'après la date d'expiration de leur contrat.

Nous sommes plus enclins à penser que la loi nouvelle n'a fait que consacrer une solution déjà admise par la loi du 30 juin 1926, c'est-à-dire la possibilité pour le sous-locataire d'être considéré, quand cela peut lui être utile, comme un ayant cause du locataire principal.

263-10. Examen des travaux préparatoires de cette loi. — Cette opinion est confirmée par les travaux préparatoires. La proposition de loi n° 4929, déposée par MM. Levasseur, Rollin, Aubriot, Paté et autres députés, et dont est issue la loi du 27 mars 1928, contenait un article 2 dont le paragraphe 1 était ainsi conçu : « Les sous-locataires ont droit au bénéfice de la loi du 30 juin 1926, modifiée par la loi du 23 avril 1927, dans les mêmes conditions que les locataires, les cessionnaires ou leurs ayants cause » et dont le paragraphe 3 contenait la disposition suivante : « Toutefois, les sous-locataires devront adresser leur demande de renouvellement non au propriétaire de l'immeuble, mais à leur bailleur ».

Dans la pensée de leur auteur, ce texte repoussait la théorie du lien de droit direct, puisqu'il obligeait le sous-locataire à s'adresser à son bailleur.

Lors de la première discussion à la Chambre des députés, la question du droit des sous-locataires ne fut pas posée. La Chambre vota, le 23 décembre 1927, un article unique, qui accordait aux locataires de bonne foi certains délais.

Au Sénat, il n'en fut pas de même. A la séance du 1er mars 1928 (*J. Of.*, p. 386), M. Lugol proposa l'article additionnel suivant : « Le principal locataire ne peut, en aucun cas, exercer le droit de reprise accordé au propriétaire par le présent article (l'article 5 de la loi du 30 juin 1926). Il ne peut non plus refuser, dans la limite de son propre droit, le renouvellement du bail qu'il a consenti ».

Sur le premier point, le rapporteur rappela que le droit de reprise ne profitait qu'aux propriétaires et que, par suite, un texte spécial était inutile. Sur le second point, il déclara : « Le locataire principal pourra-t-il refuser le bénéfice de la propriété commerciale à ses sous-locataires ? C'est le second objet de votre amendement si je comprends bien. Eh bien : non, parce qu'il sera soumis aux obligations qu'il a contractées en consentant un bail qui comportait en puissance l'exercice, pour celui qui devenait locataire, du bénéfice de la loi du 30 juin 1926. Par conséquent, ce locataire se trouve obligé, dans la limite de son propre droit, de consentir le renouvellement du bail, dans le champ d'action de la loi du 30 juin 1926 » (*J. Of.* du 2 mars 1928, p. 387).

A la suite de ces explications, l'amendement fut retiré. Ce qu'il faut en retenir, c'est qu'il ne fut fait aucune allusion au droit direct du sous-locataire.

Le même jour, le Sénat vota la proposition de loi qui lui était soumise. Il adopta, sans discussion, l'article 2 qui permettait à « tout bénéficiaire d'une location à usage commercial ou industriel » menacé d'expulsion, de citer en conciliation « le propriétaire du local à lui loué » (*J. Of.*, p. 381). Dans le rapport de la Commission (n° 89, p. 6) aucun commentaire particulier n'accompagne cette formule. On y trouve simplement écrit, ce qui est une allusion au cas général : « Nous nous trouvons en présence, d'une part, de locataires n'ayant plus de droit d'occupation en vertu de leurs baux une fois que ceux-ci sont expirés et, d'autre part, de propriétaires voulant de leur côté faire valoir leurs droits ».

Il ne semble donc pas, surtout après les explications du rapporteur ci-dessus rappelées, que le Sénat, en votant l'article 2 ait voulu reconnaître aux sous-locataires un droit direct.

Le texte du Sénat fut purement et simplement adopté par la commission de la Chambre. (Voir rapp. de M. Louis Puech, n° 5746.)

En séance, le 15 mars 1928, M. Marchandeau propose d'ajouter, dans l'article 2, aux mots « le propriétaire » ceux-ci : « ou le bailleur ». Cet amendement fut accepté sans discussion par la Commission et voté de suite (*J. Of.*, p. 1573).

Lorsque le texte revint au Sénat, le rapporteur expliqua l'adjonction apportée à l'article 2 en disant : « Alors que le Sénat n'envisageait dans cet article que le propriétaire comme devant être cité en conciliation, la Chambre des députés a ajouté le mot « bailleur ». Il se peut, en effet, que la menace d'expulsion soit l'œuvre non du propriétaire, mais d'un bailleur non propriétaire, d'un locataire principal par exemple. Dans ce cas, le locataire menacé doit pouvoir faire valoir son droit à indemnité, comme s'il se trouvait en présence du propriétaire et cela d'autant plus que le locataire principal a à son égard toutes les obligations du propriétaire sans en avoir tous les droits » (*J. Of.*, 18 mars 1928, p. 795).

263-11. Conclusion de cet examen. — Que résulte-t-il de cet examen des travaux préparatoires de la loi du 27 mars 1928 ? En premier lieu, qu'à aucun moment, au cours de l'élaboration de l'article 2, la thèse du lien de droit direct n'a été formulée ; ensuite que l'expression finale « le propriétaire du local à lui loué » vise le *plerumque fit*, c'est-à-dire le cas du propriétaire agissant contre un locataire ordinaire ; enfin, que le mot « bailleur » a été introduit dans le texte pour permettre au sous-locataire de se défendre à l'encontre du locataire principal.

Nous estimons, dans ces conditions, que la loi du 27 mars 1928 n'a pas sanctionné un droit direct au profit du sous-locataire. Elle s'est contentée de dire que les sous-locataires pouvaient avoir des droits à faire valoir, mais elle ne donne que des précisions insuffisantes sur la nature de ces droits. L'élaboration du texte prouve, au contraire, que la Chambre et le Sénat ont voulu considérer le sous-locataire comme un ayant cause.

263-12. *Jurisprudence favorable au lien de droit direct.* — Certaines décisions des tribunaux et cours d'appel ont reconnu aux sous-locataires le bénéfice d'un lien de droit direct, pour des motifs du reste assez différents.

Le Tribunal civil de la Seine, par jugement du 19 décembre 1927 (D. H. 1928. 111), se fonde sur les travaux préparatoires. Nous savons ce qu'il faut en penser. (Voir *supra*, n° 263-6 et 7.)

La Cour de Lyon (arrêt du 30 novembre 1927. D. H. 1928. 110) considère que le sous-locataire, agréé par le propriétaire, a un droit direct contre celui-ci. L'agrément du propriétaire nous paraît insuffisant pour donner naissance à un lien de droit direct. (Voir *supra*, n° 263-6.)

Le Tribunal civil de la Seine, par décision du 3 février 1928 (Rev. des Loyers, 1928, 162) a estimé que le sous-locataire avait un droit direct, parce que l'article 2 de la loi du 30 juin 1926 s'appliquait à tous les ayants cause du locataire. Nous avons vu que la qualité d'ayant cause écarte le lien direct. (Voir *supra*, n° 263-6 et *infra*, n° 263-14.)

Enfin, le 2 juillet 1928 par une décision (non encore publiée) rendue dans une affaire Nantet c/ Say, le Tribunal civil de la Seine a consacré le lien de droit direct du sous-locataire.

Les arguments donnés à l'appui de ces décisions ou des autres jugements ayant statué dans le même sens, ne nous paraissent pas juridiques, et nous croyons, surtout depuis la loi du 27 mars 1928, dont les travaux préparatoires ont nettement éclairé la pensée du législateur, que la théorie du lien de droit direct ne saurait être admise.

§ IV

263-13. Troisième théorie : Le sous-locataire est un ayant cause. — Cette théorie considère que le sous-locataire est un ayant cause de son bailleur, le locataire principal, et qu'à ce titre il a le droit d'exercer les actions de son auteur. Par suite, lorsque le bail principal est expiré et que le locataire principal ne demande pas le renouvellement, le sous-locataire est en droit d'exercer l'action oblique que l'article 1166 du Code civil confère à tout créancier. En droit commun, le point de savoir si les créanciers ont des pouvoirs suffisants pour exercer une action de la nature de l'action en renouvellement de bail pourrait être discuté (Voir à ce sujet Com. Sup. Cass., 26 janvier 1928, D. H. 1928, 216.) Dans le domaine de la loi du 30 juin 1926 cette question ne se pose pas, car l'article 2, en visant expressément « les ayants cause » accorde nécessairement aux créanciers le bénéfice de l'action en renouvellement.

La théorie du sous-locataire ayant cause nous paraît résulter du texte même des lois du 30 juin 1926 et 27 mars 1928. L'article 2 de la première de ces lois vise les ayants cause, sans distinguer entre les ayants cause à titre particulier et ceux à titre universel (Voir *supra*, nᵒˢ 260 et 261). L'article 2 de la loi du 27 mars 1928 confère expressément certains droits au sous-locataire. Or, si l'on repousse le droit direct au renouvellement, il est nécessaire qu'il s'agisse d'un droit oblique, résultant de la théorie de l'ayant cause. Enfin, cette théorie a été exprimée à plusieurs reprises au cours des travaux préparatoires (Voir *supra*, nᵒˢ 263 et *s.*) et elle seule respecte les effets juridiques normaux du contrat de sous-location.

263-14. Conséquence de cette théorie. Opposabilité des exceptions. — Le sous-locataire n'a pas, en sa qualité d'ayant cause, de droit propre et direct à l'encontre du propriétaire. Il ne peut se prévaloir que des droits du locataire principal. Il en résulte que les exceptions opposables à ce dernier peuvent également paralyser son action. Le sous-locataire n'a de droit que dans la limite de ceux de son auteur. Cette conséquence est inéluctable.

Il en résulte que si le locataire principal, pour une raison personnelle (qualité d'étranger, motif grave et légitime de refus) n'a pas droit au renouvellement, le sous-locataire n'y a pas droit non plus.

La situation est analogue à celle résultant de la résiliation du bail principal au cours de sa durée. Dans les deux cas, les sous-locataires perdent leurs droits en même temps que le locataire principal.

263-15. Cas du locataire principal qui n'exploite plus personnellement dans les lieux loués. — Dans cette hypothèse le sous-locataire peut-il être privé du renouvellement, pour ce motif que le locataire principal, ne possédant pas de fonds de commerce lui-même dans les lieux, n'y aurait pas droit ?

Cette solution serait particulièrement avantageuse pour le propriétaire. Par le fait d'une sous-location, que le bail principal rendait possible, il se trouverait dégagé des obligations que lui impose la loi. Le locataire principal ne pourrait plus demander le bénéfice du renouvellement, ni, par suite, ses ayants cause.

Nous ne croyons pas qu'elle soit imposée par le texte de la loi du 30 juin 1926. Elle nous paraît contraire à son esprit et à ses dispositions.

Le législateur a voulu protéger les fonds de commerce pour la valeur économique qu'ils représentent. A cet égard, aucune distinction ne sépare le fonds du sous-locataire de celui d'un locataire direct. Le sous-locataire, étant un ayant cause (Voir *supra*, n°s 260 et 263-13) possède, en cette qualité, le bénéfice de la loi.

Mais si, dans le cas qui nous occupe et qui, en fait est très fréquent, le locataire principal était déclaré sans droit au renouvellement, l'application de la loi aux sous-locataires serait absolument illusoire. L'on se trouverait en présence d'une sorte de contradiction législative, un texte accordant le bénéfice de la loi aux ayants cause et un autre texte le refusant à leur auteur.

Cette contradiction n'est qu'apparente, car nulle part, le texte légal n'exige que le demandeur en renouvellement soit un exploitant personnel. L'article 1er de la loi du 30 juin 1926 est rédigé en termes généraux et vise « *les baux à loyer des locaux et immeubles où s'exploite depuis au moins deux années un fonds de commerce ou d'industrie* ». Il n'est pas question du titulaire du bail, mais seulement de l'exploitation d'un fonds de commerce dans les lieux loués. Cette exploitation est une condition même de l'application de la loi, mais le texte ne suppose pas nécessairement que cette exploitation soit faite par le titulaire du bail.

L'on peut objecter à cette théorie qu'elle permettrait au locataire principal, en obtenant le bénéfice de la loi pour l'accorder à son tour à ses sous-locataires, de réaliser un profit par des sous-locations avantageuses.

Cette objection est sans portée. Le système des offres faites par les tiers conduira, en effet, à la fixation d'un loyer principal tenant compte des bénéfices éventuels réalisés sur les sous-locataires et, par une voie indirecte, c'est le propriétaire qui en profitera.

263-16. *Jurisprudence.* — A notre connaissance, deux décisions ont admis que le locataire principal, s'il n'avait pas en cette seule qualité lorsqu'il n'exploite plus de fonds de commerce, droit à l'application de la loi, pouvait au contraire l'invoquer en faveur de ses sous-locataires et pour leur assurer un droit au renouvellement. (Voir *supra*, nº 255-4 ; Trib. civ. du Puy, 25 février 1928, Gaz. Pal. 1928. 1. 653 ; Trib. civ. Haute-Loire. 7 mars 1928, D. H. 1928. 296).

263-17. Nécessité pour le sous-locataire de remplir les conditions légales. — Bien entendu, le sous-locataire ne pourra invoquer le bénéfice de la loi, c'est-à-dire obtenir un nouveau bail ou percevoir une indemnité d'éviction que s'il en remplit toutes les conditions. Si la loi ne le concerne pas, il n'a pas de titre au renouvellement et ne peut se prévaloir de la qualité d'ayant cause.

263-18. Quid si un des sous-locataires n'a pas droit au bénéfice de la loi ? — Si la loi ne s'étend pas à l'un des sous-locataires d'un immeuble, qui en profitera ? Le locataire principal, qui n'invoque la loi, par hypothèse, que pour l'accorder à ses sous-locataires, peut-il comprendre dans sa demande de renouvellement les locaux dans lesquels est exploité le fonds de commerce que la loi ne protège pas ? Le propriétaire n'est-il pas plutôt en droit de limiter l'application de la loi aux seuls locaux dont les titulaires respectent les conditions légales ?

Il semble que la seconde solution doive être adoptée. Elle seule, en effet, restreint l'application de la loi aux locaux où s'exploite un fonds de commerce dans les conditions voulues par le législateur. Si l'on adoptait l'autre solution, le locataire principal pourrait, par exemple, obtenir le bénéfice de la loi pour un local dans lequel est exploité un fonds ayant moins de deux ans d'existence. Il est certain que, dans ce cas, le locataire principal pourrait refuser l'application de la loi aux locaux dont s'agit, mais le propriétaire aurait été néanmoins obligé de soumettre ces locaux à un régime spécial qui n'a pas été créé pour eux.

D'autre part, le locataire principal n'agit pas pour lui, mais dans la mesure des demandes qui lui sont faites et il paraît logique de ne tenir compte que des demandes valablement formées.

263-19. Application pratique de la théorie de l'ayant cause. — 1° *Formalités à remplir.* — Le sous-locataire peut se trouver en présence d'un locataire principal qui fasse lui-même valoir ses droits. Dans ce cas, il n'a pas à agir à l'encontre du propriétaire et son droit au renouvellement se débattra entre lui et son bailleur, avec la faculté d'intervenir dans le litige qui pourrait exister entre le locataire principal et le propriétaire.

Pour connaître l'attitude du locataire principal, le mieux paraît être, en lui adressant la demande de renouvellement, de lui faire sommation d'avoir à déclarer, dans un certain délai, s'il entend se prévaloir de la loi du 30 juin 1926 à l'encontre du propriétaire, en le prévenant que, faute de le faire, le sous-locataire se réserve le droit d'agir lui-même en sa qualité d'ayant cause et par application de l'article 1166 du Code civil.

Si le locataire principal reste dans l'expectative, le sous-locataire devra s'adresser au propriétaire, en respectant les délais prescrits par la loi du 30 juin 1926 et en indiquant les bases juridiques de son action.

263-20. 2° *Nécessité d'une subrogation judiciaire.* — D'une façon générale, lorsqu'un créancier agit en vertu de l'action oblique de l'article 1166 du Code civil, les poursuites ont pour résultat de faire rentrer une certaine valeur dans le patrimoine du débiteur. Cette valeur devient le gage commun de ses créanciers, sans que celui qui a pris l'initiative de l'action puisse exercer un droit préférentiel quelconque.

Pour éviter ce résultat, le créancier peut se faire judiciairement subroger dans l'action qu'il exerce et s'en assurer le bénéfice (Aubry et Rau, 5ᵉ éd., t. IV, § 312, note 11).

Dans l'espèce, le sous-locataire ne manquera pas de se faire subroger dans le droit au renouvellement du locataire principal, mais cette subrogation sera limitée à la mesure de ses droits. Le sous-locataire ne pourra exercer les droits du locataire principal que pour les locaux qu'il occupe lui-même et non pour ceux occupés par d'autres sous-locataires du même immeuble.

263-20. Nécessité d'une sous-location régulière. — Pour que le sous-locataire puisse invoquer les droits de son auteur, il paraît indispensable que son titre soit régulier, c'est-à-dire que la sous-location ait été faite conformément au bail.

Si la sous-location n'est pas prévue au bail principal, elle est libre, en vertu de l'article 1717 du Code civil.

Si le bail exige l'autorisation du bailleur et prévoit en outre la remise d'une grosse de l'acte de sous-location, ces formalités doivent avoir été respectées pour donner au sous-locataire un titre lui permettant d'invoquer sa qualité d'ayant cause.

263-21. *Jurisprudence favorable à la théorie de l'ayant cause.* — La majorité des décisions paraît admettre que le sous-locataire est un ayant cause, mais la jurisprudence n'a pas encore dégagé nettement les conséquences juridiques qu'entraîne cette qualité.

Citons comme favorables à la théorie de l'ayant cause : Cour de Montpellier (19 déc. 1927. Mon. Jud. Midi, 15 janvier 1928) ; Cour de Lyon, 30 novembre 1927 (D. H. 1928.110) ; Trib. civil Seine, 6 janvier 1928 (Gaz. Pal. 1928. 1. 653) ; Cour de Paris, 9 mai 1928 (Gaz. Pal. 1928. 2-23) ; Cour de Bordeaux, 8 mai 1928 (Gaz. Pal. 1928. 2.135) ; Tribunal civil de Saint-Malo, 18 mai 1928 (Gaz. Pal. 1928. 2.135).

La Cour de cassation n'a pas encore eu à préciser les droits du sous-locataire en ce qui concerne le renouvellement de son bail. Elle a toutefois reconnu que les sous-locataires avaient, en principe, des droits, en spécifiant dans son arrêt de la Chambre des Requêtes du 3 avril 1928 (Gaz. Pal. 1928. 1. 805) que la tentative de conciliation, rendue obligatoire par la loi du 22 avril 1927, devait avoir lieu entre « d'une part le propriétaire ou le bailleur ayant consenti la location et, d'autre part, le locataire ».

Si la qualité d'ayant cause paraît admise par de nombreuses décisions, ses conséquences ne sont pas encore consacrées. Certains tribunaux ont fait résulter de cette qualité l'existence d'un lien de droit direct.(Voir *supra*, n° 263-12.) Cette conclusion est impossible à admettre, car le droit oblique qu'exerce l'ayant cause ne se confond pas avec le droit direct ; il s'oppose à lui, au contraire.

A notre connaissance, le Tribunal civil de la Seine, par jugement du 6 janvier 1928 (Gaz. Pal. 1928. 1. 653) a, pour la première fois, nettement posé le principe qu'il convenait de retenir seulement dans l'instance en renouvellement le propriétaire et le sous-locataire, ce dernier exerçant vis-à-vis du premier les droits qu'il tient du principal locataire.

§ V

263-22. Cas du bail principal en cours. — Lorsque le bail principal est encore en cours, la question du droit du sous-locataire à l'encontre du propriétaire ne se pose pas. Qu'il soit ayant cause ou qu'il ait un lien direct peu importe, car il lui est possible d'obtenir un renouvellement, en s'adressant uniquement à son bailleur, le locataire principal. La durée du nouveau bail sera bien entendu limitée par celle qui reste à courir sur le bail principal. (Voir *supra*, n° 257.)

Le locataire principal, dans la mesure de ses droits de jouissance, nous paraît incontestablement tenu d'accepter la demande de renouvellement de son sous-locataire, à condition que ce dernier remplisse les conditions légales. Il a, à son égard, toutes les obligations d'un bailleur ordinaire, sans en avoir tous les droits, étant notamment exclu du droit de reprise. (Voir *infra*, n°s 447 et 448-1 et déclarations rapportées au n° 263-10.)

263-23. *Jurisprudence.* — Elle admet que si le bail principal est encore en cours, c'est au locataire principal que le sous-locataire doit s'adresser pour obtenir un bail renouvelé.

En ce sens : Tribunal civil de Nantes, 21 décembre 1926 (Gaz.Pal. 1928.1, 664) ; Tribunal civil du Rhône, 18 janvier 1928 (D. H. 1928. 193) ; Cour de Bordeaux, 8 mai 1928 et Tribunal civil de Saint-Malo, 18 mai 1928 (Gaz. Pal. 1928. 2.135).

§ VI

263-24. Cas d'un bail principal opposable au sous-locataire. — La situation de fait peut être la suivante : le sous-locataire actuel est un ancien locataire direct. Il a traité avec le propriétaire à une époque où aucun bail principal n'existait. Puis, au cours de sa location, mais avant le 1er janvier 1923, l'immeuble a été loué en totalité à un tiers qui est devenu locataire principal et s'est trouvé subrogé dans tous les droits et obligations du propriétaire, devant faire son affaire personnelle des contrats de location qui existaient lors de son entrée en jouissance.

A l'expiration de son contrat, le sous-locataire se trouve en présence d'un bail principal qui est encore en cours.

Dans cette hypothèse, l'article 13 § 2, qui maintient les effets des baux consentis à des tiers avant le 1er janvier 1923, ou dans certains cas avant le 1er janvier 1914 (Voir *supra*, n°s 518 et s.), permet-il d'écarter le droit au renouvellement du sous-locataire ?

Ceux qui l'admettent font le raisonnement suivant : « Le sous-
« locataire, s'il s'adresse à son bailleur, c'est-à-dire au propriétaire
« de l'immeuble, se verra opposer le bail principal, consenti avant
« le 1er janvier 1923. S'il s'adresse au locataire principal, celui-ci lui
« opposera également le même acte, en prétendant qu'étant soumis
« aux mêmes obligations que le propriétaire, il ne saurait être tenu
« d'accorder un droit au renouvellement auquel le propriétaire n'était
« pas soumis et qu'il n'a pu, par suite, lui transférer. »

Les partisans de ce système ajoutent que le locataire principal
est incontestablement un « tiers » au sens de l'article 13, puisqu'il
était étranger au contrat qui liait le propriétaire et l'actuel sous-
locataire, lorsqu'il a traité.

263-25. Discussion. — Ce dernier point paraît certain. Le locataire principal était bien un tiers à l'époque de son contrat. L'article 13, qui envisage « *les baux consentis à des tiers* » ne permet pas
de rechercher si cette qualité de « tiers » a disparu, par la suite, et s'il
peut en résulter une modification dans les droits du locataire principal. Il convient, en effet, de se placer uniquement à l'époque de la
conclusion du bail principal.

L'on peut néanmoins se demander si l'article 13 doit recevoir application dans l'espèce qui nous occupe.

Le bail principal ne paraît pas, tout d'abord, faire partie des contrats visés par l'article 13. Est-ce bien un bail consenti à un tiers
« *pour la période qui doit suivre le bail en cours* » ? Le bail principal
produit un effet immédiat. Il permet au preneur de percevoir tous
les loyers de l'immeuble, car c'est la totalité des locaux qui forment
l'objet du bail principal ; il oblige le preneur à respecter les contrats
en cours, mais ne le prive pas, même s'il a eu l'intention de s'assurer
la jouissance totale des lieux à l'expiration des locations existantes,
du droit de proroger celles-ci. Le locataire principal a acquis la
qualité de bailleur à l'égard des locataires qui existaient avant lui
et sa situation est tout à fait différente de celle du titulaire d'un bail
dont l'entrée en jouissance est reportée à la fin du contrat antérieurement consenti. Dans ce dernier cas, le « tiers » ne peut pas accorder
un nouveau bail, car il n'est ni locataire principal, ni propriétaire.
Ses droits sont limités à la jouissance exclusive de certains locaux.

Par ailleurs, l'article 13 a pour objet de régler un conflit entre
deux droits : celui du locataire occupant et celui du tiers. Ce conflit
n'existe que si la même personne se trouve à la fois obligée vis-à-
vis de l'occupant, par le jeu de la loi du 30 juin 1926, et vis-à-vis du
tiers, par le jeu du contrat intervenu. Il faut donc qu'un propriétaire

se trouve, en même temps, engagé à l'égard de deux personnes pour que l'article 13 reçoive application.

Dans l'espèce, il n'en est pas ainsi. Le propriétaire de l'immeuble est bien engagé vis-à-vis du locataire principal, mais il ne l'est plus vis-à-vis de son ancien locataire qui est devenu sous-locataire. Le lien de droit qui existait avec lui a été rompu par le bail principal. Le bail principal a subrogé le locataire principal dans les droits et obligations du propriétaire. Cette subrogation a produit ses effets normaux à l'encontre des anciens locataires à qui elle a été, en général, signifiée, et qui, en tout cas, l'ont acceptée, en payant directement au locataire principal le montant de leur loyer. Il s'est produit une véritable substitution dans la personne du créancier. Le propriétaire est dépouillé de ses droits à l'égard de ses anciens locataires et ne connaît plus que le locataire principal.

Les anciens locataires, pour conserver leur lien de droit direct avec le propriétaire, auraient pu se refuser à cette substitution, mais en acquittant leur loyer entre les mains du locataire principal, ils l'ont reconnue et sont obligés de s'incliner devant ses conséquences.

La première de ses conséquences est de rompre le lien de droit qui existait, avant le bail principal, entre le propriétaire et son locataire. Par suite, si le propriétaire est l'objet d'une demande de renouvellement de la part de son ancien locataire, cette demande ne sera pas recevable.

Le propriétaire ne se trouvera donc pas en présence d'une obligation de renouveler le bail et d'une obligation de respecter le contrat intervenu au profit d'un tiers. Il n'y aura pas de conflit entre deux droits.

Le locataire principal, à qui le sous-locataire devra nécessairement adresser sa demande, puisque par hypothèse, le bail principal dépasse la durée du sous-bail, sans quoi la difficulté ne se présenterait pas, n'aura pas davantage à trancher ce conflit. Le locataire principal ne peut pas opposer les droits que lui donne son bail principal sur les lieux litigieux, pas plus qu'un propriétaire ne pourrait se prévaloir de cette qualité pour contester le droit au renouvellement de ses locataires. Il ne se trouve pas en présence d'un « tiers » et d'un locataire occupant.

Dans ces conditions, il ne semble pas que l'article 13 doive être appliqué dans le cas qui nous concerne.

263-26. *Jurisprudence.* — La cour de Grenoble par arrêt du 21 octobre 1927 (Journal Grenoble, 1928-74) a jugé que le locataire principal est un « tiers » et qu'on ne peut prétendre qu'il est seulement l'ayant cause du propriétaire.

Le Tribunal de la Seine, par décision du 13 octobre 1927 (Gaz. Pal. 1928.1 .653) a jugé, dans une espèce identique au cas envisagé « que le bail de Barthélémy (locataire principal), enregistré le 1er avril 1914, est, par conséquent, opposable à Dunas (sous-locataire) qui ne peut rien réclamer à Ferrand (propriétaire) ; que le demandeur ne peut davantage réclamer quoi que ce soit au principal locataire ; que celui-ci, en effet, a été subrogé au propriétaire dans ses droits et qu'il n'a pas pu être substitué à plus d'obligations que n'en a le propriétaire lui-même envers le locataire ».

Le même Tribunal statuait dans le même sens, par jugement du 6 décembre 1927 (Rev. Loyers 1928. 191), ainsi que le Tribunal civil de Montpellier, par jugement du 17 février 1928 (Mon. jud. Midi, 1er juin 1928.)

La question a paru plus complexe à la Cour de Paris, qui statuant sur l'appel d'une ordonnance de référé, a, par arrêt du 23 novembre 1927 (Rev. Loyers 1928.118) refusé au juge des référés le pouvoir d'ordonner l'expulsion. Cette décision est d'autant plus significative que la Cour de Paris et la Cour de cassation admettent que l'expulsion peut être poursuivie en référé, sans tentative de conciliation, lorsque le propriétaire oppose le bail d'un tiers à la demande en renouvellement de son locataire. (Voir *infra*, n° 583-19.)

La Cour de cassation n'a pas encore tranché la question. Elle a simplement jugé que le bail consenti à un tiers faisait échec au droit du locataire occupant, mais dans des espèces où le tiers n'était pas devenu un locataire principal. (Cass. Req. 6 mars 1928. Gaz. Pal. 1928. 1. 708).

CHAPITRE V

ÉTRANGERS

268-1. Position du débat. — La question du droit des étrangers au bénéfice de la loi du 30 juin 1926, soit comme locataires invoquant le droit au renouvellement, soit comme propriétaires se prévalant du droit de reprise, a été maintes fois soumise aux tribunaux.

L'article 19 de la loi, sauf quelques exceptions, n'étend l'application du droit au renouvellement qu'aux étrangers appartenant à des pays dont la législation interne protège la propriété commerciale et peut y être invoquée par les Français. La loi exige donc une véritable réciprocité législative.

De nombreux tribunaux ont estimé qu'une réciprocité diplomatique suffisait. Ils ont considéré que les clauses de réciprocité, qui existaient dans de nombreux traités de commerce, assuraient aux étrangers en France tous les droits civils dont jouissent les Français et qu'une loi interne ne pouvait en limiter les effets.

Cette opinion paraît contraire aux termes mêmes de la loi et à l'intention du législateur qui a manifesté son désir de soumettre à des conditions restrictives l'exercice par les étrangers du droit au renouvellement. Or, le système de la réciprocité simplement diplomatique, par le jeu de la clause de la nation la plus favorisée, étendrait le bénéfice de la loi aux ressortissants de presque tous les pays du monde.

Par ailleurs, la loi du 30 juin 1926 ne prive pas les étrangers d'un avantage qu'ils puisaient dans les conventions diplomatiques existantes. Elle ne diminue pas les droits qu'ils possédaient au 30 juin 1926 et n'en limite pas l'exercice. Elle les empêche seulement de jouir d'un droit nouveau que le législateur a voulu, en principe, réserver aux seuls Français.

Le droit au renouvellement apparaît à tous égards comme un droit civil *stricto sensu*, et le législateur, dans l'article 19 de la loi, s'est conformé aux dispositions de l'article 11 du Code civil, ainsi conçues : « L'étranger jouira en France des mêmes droits civils que ceux qui sont ou seront accordés aux Français par les traités de la nation à laquelle cet étranger appartiendra. »

L'article 11 exige donc que la législation étrangère consacre les mêmes droits que la législation française et que, par le jeu des traités, les Français puissent s'en prévaloir à l'étranger.

Un traité, à lui seul, est donc insuffisant. Il faut en plus une législation interne analogue.

L'article 19 de la loi du 30 juin 1926 est donc resté dans le cadre de l'article 11 du Code civil en n'accordant le bénéfice du droit nouveau qu'aux étrangers dont la législation protège également le fonds de commerce en assurant le renouvellement du bail au profit des nationaux et des Français.

268 2. *Jurisprudence*. — Il a été jugé : ...que la convention du 6 janvier 1862 permet aux Espagnols de se prévaloir de la loi (Trib. civ. Seine, 12 décembre 1927, Gaz. Pal. 1928, 1, 95 et 10 févr. 1928, Rev. Loyers, 1928, 454) ; ...que les sujets danois peuvent invo-

quer le traité franco-danois du 9 février 1910 pour bénéficier de la
loi et que les sujets hellènes ont le même droit en se prévalant de la
clause de la nation la plus favorisée insérée dans la convention
franco-hellénique du 18 septembre 1926 (Trib. civ. Seine, 23 déc.
1927. Gaz. Pal. 1928. 1. 221).

Au contraire, le Tribunal civil de Beauvais, le 5 mai 1927 (Gaz.
Pal. 1927. 2. 552) a jugé qu'un sujet espagnol ne pouvait prétendre
au bénéfice de la loi du 30 juin 1926 en se fondant sur la convention
consulaire du 7 janvier 1862, ni sur le décret du 22 décembre 1925
qui n'a pas institué en Espagne une législation analogue.

La Cour de Paris, par un arrêt de principe rendu sur les conclusions
conformes de M. l'Avocat général Lagarde, le 2 juillet 1928 (D. P.
1928. 2. 129, et la note de M. Trasbot, Gaz. Pal. 1928. 2.323) vient
de condamner la thèse de la réciprocité simplement diplomatique.
Elle a jugé que les conventions diplomatiques étaient insuffisantes
et que le droit à la propriété commerciale constituant un droit civil
stricto sensu, les étrangers ne pouvaient en acquérir la jouissance en
France que dans les termes de l'article 11 du Code civil, c'est-à-dire
que si les lois étrangères et les traités accordent aux Français le
même droit en pays étranger. La Cour de Paris exige donc une législation analogue, conformément au texte même de la loi du 30 juin
1926 et à l'intention du législateur.

Le Tribunal civil de la Seine, par jugement du 3 juillet 1928
(Gaz. Pal. 1928. 2.326) a maintenu sa jurisprudence contraire.

267-1. Pays possédant une législation analogue. — A part l'Au-
triche, qui semble posséder une législation analogue (Voir *supra*,
nº 273), aucun autre pays ne possède de législation assurant le renouvellement des baux des locaux dans lesquels s'exploite un fonds
de commerce.

267-2. *Jurisprudence.* — Il a été jugé qu'il n'existait pas de
législation analogue... en Grèce et en Tchéco-Slovaquie (Trib. civ.
Seine, 16 juillet 1927. Rev. Loyers, 1927, 560 et 563) ...ni en Espagne (Trib. civ. Seine, 12 déc. 1927. Gaz. Pal. 1928. 1. 95), ... ni en
Angleterre (Trib. civ. Lyon, 14 déc. 1927. D. H. 1928. 175) ...ni en
Belgique (Trib. civ. Douai, 18 janvier 1928. Jurispr. Douai, mars
1928).

Par contre, le Tribunal civil de Marseille a jugé le 24 décembre
1927 (Gaz. Pal. 1928. 1. 193) que les Italiens possédaient une législation analogue, en se fondant sur les déclarations faites au Sénat par
M. Morand, à la séance du 2 avril 1924 (*J. Of.*,p. 585). Un décret a

peut-être momentanément protégé les baux commerciaux et industriels en Italie et assuré leur prorogation, mais, à notre connaissance, aucune disposition législative comparable à la loi du 30 juin 1926 n'est actuellement en vigueur.

276-1. Admission à domicile. Effet de la loi du 10 août 1927. — Par dérogation au principe général de la nécessité d'une législation analogue, l'article 19 de la loi du 30 juin 1926 a accordé le droit au renouvellement à certaines catégories spéciales d'étrangers et notamment aux étrangers admis à domicile en France, en vertu de l'alinéa 3 du paragraphe 5 de l'article 8 du Code civil.

Cette dernière exception ne jouera plus, car la loi nouvelle sur la nationalité du 10 août 1927 (D. P. 1928. 4.1), dans son article 13, a supprimé l'admission à domicile.

Néanmoins, ceux qui étaient admis à domicile avant le 10 août 1927 ont un droit acquis au bénéfice de la loi du 30 juin 1926 et la loi du 10 août 1927 n'a pu y porter atteinte.

277-1. Date à laquelle l'étranger doit remplir les conditions légales. — Nous avons posé le principe que c'était à la date de la demande de renouvellement que le locataire devait remplir les conditions légales : c'est notamment à ce moment-là que sa nationalité sera appréciée (Voir *supra*, 170-1).

Il importerait peu que le titulaire du bail ait été étranger, lors de la conclusion du contrat, dès l'instant qu'il est Français à la date de la demande.

277-2. *Jurisprudence.* — Il a été jugé... que l'exception d'extranéité ne pouvait être opposée à une société française cessionnaire depuis un certain nombre d'années du bénéfice d'un bail originairement consenti à une société étrangère (Trib. civ. Seine, 2 avril 1928, La Loi, du 9 mai 1928) : ...qu'il faut considérer la nationalité du locataire au moment où la demande de renouvellement de bail est adressée par lui au propriétaire (Trib. civ. Grenoble, 28 avril 1927. Journal Grenoble, 1927, p. 97 et Trib. civ. Bourg, 6 déc. 1927, La Loi, 27 juin 1928).

(Voir sur les étrangers et le droit de reprise, *infra*, n° 458-1).

———————

CHAPITRE VI

CAS PARTICULIERS

***

284-1. Gérant et locataire du fonds. — Le bénéfice du renouvellement ne peut être demandé et obtenu que par le propriétaire du fonds. Le gérant ou le locataire du fonds ne peuvent s'en prévaloir.

284-2. *Jurisprudence.* — La jurisprudence a consacré ce principe. C'est ainsi qu'il a été jugé ...que la loi n'a pas conféré le bénéfice de ses dispositions à l'exploitant, mais au propriétaire du fonds, soit qu'il exploite lui-même, soit qu'il le fasse exploiter par un tiers (Trib. civ. Arras, 1er juin 1927. Gaz. Trib., 30 septembre 1927. Voir d'autres décisions sur ce point *supra*, n° 203-2.)

LIVRE III

Modalités d'application de la loi.

TITRE PREMIER

Demande de Renouvellement.

CHAPITRE PREMIER
NÉCESSITÉ DE LA DEMANDE.

CHAPITRE II
FORME DE LA DEMANDE.

297-1. Baux écrits. Lettre recommandée. — L'article 2 de la loi du 30 juin 1926 permet au locataire bénéficiant d'un bail écrit de formuler sa demande de renouvellement indifféremment par exploit d'huissier ou par lettre recommandée avec avis de réception. Cette dernière forme correspond évidemment au désir du législateur de diminuer les frais et de ne pas donner à la demande un caractère contentieux risquant de rendre l'accord plus difficile.

L'emploi de la lettre recommandée n'est pas sans présenter quelques inconvénients du point de vue de la preuve. L'avis de réception justifie seulement qu'elle a bien été délivrée au destinataire (sauf erreur possible de l'Administration irresponsable des Postes et Télégraphes). Il n'établit pas le contenu de la lettre. Il laisse le champ libre à la mauvaise foi du destinataire. Aussi est-il plus prudent pour le locataire de ne pas laisser écouler le délai pendant lequel il peut former sa demande, sans faire une notification par huissier, dans le cas où la lettre n'aurait pas donné lieu à une réponse.

Au surplus, il est nécessaire que la lettre soit bien remise au destinataire. Celui-ci est en droit de la refuser. L'expéditeur en est alors avisé par la Poste. Il doit considérer sa lettre comme inexistante. S'il l'a adressée vers la fin du délai, le temps du retour par la Poste risque d'entraîner sa forclusion.

La nullité de la notification de renouvellement est, sur ce point, régie par l'article 173 du Code de Procédure civile. Elle est relative et couverte par des conclusions au fond.

297-2. *Jurisprudence.* — Dans un domaine différent, mais sur une question analogue, la Cour de cassation a jugé que le congé délivré par lettre recommandée retournée par la Poste à l'expéditeur après deux présentations au destinataire, n'était pas valable (Cass. civ. 29 avril 1927. Gaz. Pal. 1927. 2. 205). Le Tribunal civil des Hautes-Alpes (30 mai 1928. D. H. 1928. 392) a jugé que la formalité de l'avis de réception ne servait que comme mode de preuve et que son inobservation était sans conséquence lorsque le destinataire avait reconnu avoir reçu la lettre en y répondant.

298-1. Baux verbaux. *Jurisprudence.* — L'article 17 ne prévoit qu'une forme de demande pour le locataire bénéficiant d'un bail verbal : l'acte extra-judiciaire.

La lettre recommandée avec avis de réception est donc inopérante. C'est ce qu'a jugé le Tribunal civil de Strasbourg (24 mars 1927. Rev. Alsace-Lorraine 1927. 557) en décidant que le locataire ne pouvait pas invoquer l'article 17 lorsqu'il n'avait pas formulé sa demande par acte extra-judiciaire.

299-1. A qui la demande doit-elle être adressée ? — L'article 2 § 1 exige que la demande de renouvellement soit adressée « au propriétaire ». L'article 17 § 2 contient la même exigence d'une façon implicite puisqu'il dispose que la demande du locataire bénéficiant d'un bail verbal devra être formée dans le mois qui suivra le congé donné « par le propriétaire ».

Le désir du législateur a été très certainement de mettre en présence les propriétaires et les locataires eux-mêmes dans l'espoir d'augmenter les chances de conciliation. Les mandataires, et par conséquent les gérants, sont écartés de toute la procédure et l'article 2 § 13 précise bien que les parties doivent comparaître en personne ou par leur avocat ou leur avoué.

Cette règle est absolue.

Elle peut cependant présenter une difficulté d'ordre pratique : dans certaines grandes villes, à Paris et à Lyon par exemple, quelques gérants ont pris l'habitude de ne faire figurer que leur nom sur les baux qu'ils consentent en leur qualité de « gérant de l'immeuble » ou de « régisseur de l'immeuble ». Des locataires ignorent donc les noms et adresses de leurs propriétaires.

Il leur appartient d'exiger ces renseignements de leur gérant ou de leur régisseur. Ceux-ci engageraient leur responsabilité en ne les fournissant pas ou en les donnant tardivement.

La demande adressée au gérant est nulle car la personne qui la reçoit est sans qualité. Le défaut de qualité étant une question de fond, la nullité qui en résulte est absolue, en vertu des principes généraux ; l'article 173 du Code de procédure civile n'est pas applicable. (Voir *infra*, n° 325-1.)

Lorsqu'il existe plusieurs co-propriétaires, aucun d'eux pris isolément n'ayant qualité pour accorder le renouvellement de bail qui doit être l'œuvre de tous, la demande adressée à un seul serait en principe inopérante.

299-2. *Jurisprudence.* — Deux décisions du Tribunal civil de la Seine proclament la nullité de la demande adressée au gérant (14 nov. 1927. Rev. Loyers 1928. 61 ; 16 déc. 1927. Rev. Loyers 1928.131).

301-1. Par qui doit être adressée la demande ? — C'est, en principe, le locataire bénéficiaire du bail qui doit en solliciter le renouvellement (Voir pour le sous-locataire *supra*, n°⁸ 263-19 et 22, n°⁸ 254 et s. ; pour les ayants cause, *supra*, n°⁸ 264 et s.).

Lorsque le locataire est une personne morale, la demande doit être formulée en son nom par celui ou ceux qui ont qualité et pouvoir de la gérer : administrateur-délégué, directeur, gérant, associé, etc....

Lorsque le bail bénéficie à deux ou plusieurs personnes indivisément chacune d'elles doit figurer en nom sur la demande.

301-2. *Jurisprudence.* — Le Tribunal civil de la Seine (27 oct. 1927. Rev. Loyers 1928.64) a jugé que s'il existe deux colocataires, la demande adressée par l'un d'eux peut être considérée comme régulière s'il résulte des circonstances de fait qu'il a agi au nom des deux en complet accord.

CHAPITRE III

DÉLAIS.

305-1. Sanction de l'inobservation des délais. — Quelle est la sanction des délais impartis par la loi aux locataires pour former leur demande de renouvellement ?

La loi ne la prévoit pas. Elle se contente de prescrire que les commerçants et industriels « *devront* » au cours d'une certaine période de temps, demander le bénéfice du renouvellement. Ce silence du texte implique-t-il que l'obligation de respecter les délais fixés est sans force et dépourvue de toute sanction ?

Nous ne le croyons pas. L'inobservation des délais, d'une manière générale, doit entraîner la déchéance du droit qu'il convenait d'exercer dans ces délais.

Sans doute, le Code de procédure civile n'énonce pas expressément ce principe ; il en fait simplement de nombreuses applications. La doctrine lui a donné une portée générale, et appelle « déchéance » la perte du droit résultant du défaut d'exercice dans le temps prescrit par la loi.

« La déchéance est encourue lorsqu'on avait pour exercer son droit un délai fixe qu'on a laissé passer sans en profiter ». Ainsi s'expriment Garsonnet et César Bru (*Traité de procédure*, 3ᵉ éd., t. II, nº 63).

La déchéance ne doit pas être confondue avec la nullité résultant d'une violation des formes ; elle existe sans que la loi l'ait formellement édictée. L'article 1030 du Code de procédure civile, ainsi conçu : « aucun exploit ou acte de procédure ne pourra être déclaré nul, si la nullité n'en est pas formellement prononcée par la loi » ne s'applique pas, car ses dispositions ne concernent que les nullités intrinsèques provenant d'un acte mal fait. (Voir *Nouveau Code de procédure civile annoté*, Dalloz, art. 1030, nᵒˢ 9 et s.)

Faute d'avoir respecté les délais posés par la loi du 30 juin 1926, le locataire ne pourrait donc invoquer le bénéfice de la loi. Une demande prématurée serait inopérante ; à une demande tardive, le propriétaire pourrait opposer une fin de non-recevoir et invoquer la déchéance du droit.

305-2. *Jurisprudence.* — Le Tribunal civil du Calvados, le 15 février 1928 (D. H. 1928. 312) a jugé que le locataire qui avait formé sa demande de renouvellement plus de deux ans avant l'expiration de son bail et n'avait pas régularisé sa procédure et réitéré sa demande dans les délais légaux ne pouvait invoquer le bénéfice de la loi.

305-3. La déchéance peut-elle se couvrir ? — En aucune manière, car les déchéances constituent des fins de non-recevoir qui peuvent être opposées en tout état de cause. (Voir Garsonnet et César Bru, *loc. cit.*, nº 65.) Elles ne sont donc pas susceptibles d'être couvertes par des défenses au fond et n'ont pas à être soulevées *in limine litis*.

Dans ces conditions, le silence du propriétaire à la tentative de conciliation et les conclusions au fond qu'il pourrait prendre au cours de l'instance principale ne le priveraient pas de son droit d'opposer la déchéance à la demande dont il est saisi.

305-4. La déchéance peut-elle être prononcée d'office ? — La question est discutable. A cet égard, il n'y a pas de règle générale et il convient de faire une distinction entre les déchéances qui tiennent à l'ordre public et celles qui ont simplement trait à un intérêt privé.

Les premières seules peuvent être soulevées d'office.

Il ne semble pas qu'il en soit ainsi pour les déchéances résultant de l'inobservation des délais accordés aux commerçants et industriels pour former leur demande. L'ordre public ne s'oppose pas à ce que le locataire puisse obtenir un bail dont il aurait sollicité le renouvellement hors délais, dès l'instant que le propriétaire ne soulève pas la déchéance. Le législateur a admis lui-même ce principe, dans la loi du 22 avril 1927, en relevant des locataires de la forclusion qu'ils avaient encourue pour inobservation des délais. (Voir *supra*, n° 306 et s. et *infra*, n°ˢ 308-1 et s.).

Dans ces conditions, il ne semble pas que le juge, saisi d'un litige portant sur un autre point que celui de la déchéance pour inobservation des délais légaux, puisse d'office soulever cette déchéance.

CHAPITRE IV

DISPOSITIONS TRANSITOIRES.

308-1. Baux ayant moins de deux ans à courir au 30 juin 1926. — C'est pour les titulaires de baux ayant moins de deux ans à courir au 30 juin 1926 que le délai supplémentaire de la loi du 22 avril 1927 a été stipulé.

A titre transitoire, l'article 14 de la loi du 30 juin 1926 leur avait accordé un délai de deux mois à partir de la promulgation de la loi.

La loi du 22 avril 1927 leur a donné un nouveau délai de trois mois qui est expiré depuis le 15 juillet 1927.

308-2. *Jurisprudence.* — Le Tribunal civil de la Côte-d'Or, le

15 novembre 1927 (Rec. Dijon, 1928, n° 9) a jugé que pour les baux ayant moins de deux ans à courir du 30 juin 1926, la demande devait être formée avant le 15 juillet 1927.

309-1. Locataires visés par l'article 15 de la loi. — Les locataires visés à l'article 15 de la loi du 30 juin 1926 appartiennent à deux catégories différentes.

La première comprend les locataires ayant eu un bail écrit à l'origine de leur possession *« soit que ce bail soit encore en cours, soit qu'il ait été renouvelé par tacite reconduction ou prorogé à l'amiable par l'effet de la loi ou par décision de justice »*.

Si le bail était encore en cours au 30 juin 1926 pour une durée inférieure à deux ans, le locataire rentre dans le cadre de l'article 14 et bénéficie du délai supplémentaire de trois mois accordé par la loi du 22 avril 1927.

Si le bail était, au contraire, expiré au 30 juin 1926, ce délai supplémentaire peut-il être accordé ?

En faveur de la solution négative, l'on fait valoir que la loi du 22 avril 1927 n'a apporté aucune modification à l'article 15 de la loi du 30 juin 1926, dont le texte ne prévoit qu'un seul délai de six mois à partir de sa promulgation.

Cette solution est discutable, car la loi du 22 avril 1927, si elle a maintenu sans changement l'article 15, a complété le texte de l'article 14 d'une manière telle qu'elle semble en étendre l'application aux locataires visés par la première partie de l'article 15. Elle a assimilé aux baux ayant moins de deux ans à courir au 30 juin 1926 *« ceux qui auraient pris fin au 30 juin 1926 »*.

Quel est le sens exact de cette formule ? Ne vise-t-elle que les baux dont l'expiration a coïncidé avec la date du 30 juin 1926 ou ceux qui se sont terminés avant cette date ?

Les travaux préparatoires sont en faveur de la seconde interprétation. Envisageant à la fois les délais de l'article 14 et ceux de l'article 15, M. Morand, dans son rapport au Sénat (n° 178, p. 18) s'exprime ainsi : « Votre commission vous propose, pour sauvegarder les droits de tous, d'accorder, à partir de la promulgation de la présente loi, un dernier délai, non de six mois, mais de trois mois, à tous les locataires dont les baux au 30 juin 1926, ou bien étaient expirés, ou bien avaient moins de deux ans à courir. » Pour traduire cette intention, la formule « les baux qui auraient pris fin au 30 juin 1926 » fut votée.

Elle paraît donc comprendre tous les baux qui « étaient » terminés avant le 30 juin 1926.

La deuxième catégorie de locataires visés par l'article 15 comprend les occupants de quinze ans ou de cinq ans. (Voir *supra*, n° 309). Pour eux, la question de prolongation de délai ne peut se discuter. Ils ne peuvent certainement pas se prévaloir de la loi du 22 avril 1927.

309-2. *Jurisprudence*. — Il a été jugé... que l'article 15 de la loi du 30 juin 1927 n'a pas été complété par la loi du 22 avril 1927 et que cette loi n'a pas relevé de la déchéance le locataire qui, pourvu d'un bail expiré en 1922 et prorogé ensuite par l'effet de la loi, n'a pas formulé sa demande de renouvellement avant le 1er janvier 1927 (Cour de Paris, 28 juin 1927. Gaz. Pal. 1927. 2. 393) ; ...que dans le cas de l'article 15, la loi du 22 avril 1927 n'a institué aucun nouveau délai et que le locataire qui, à l'origine de sa possession, justifie d'un bail écrit qui a été l'objet soit de prorogation, soit de décision de justice, soit de délais de grâce pour vider complètement les lieux et dont la demande a été formée le 30 mai 1927, après le délai de six mois est forclos (Trib. civil Côte-d'Or, 15 novembre 1926. Rec. Dijon, 1928, n° 9).

Au contraire, la Cour de Paris, par un arrêt antérieur du 4 mai 1927 (Gaz. Pal. 1927. 2. 181) avait jugé que le délai supplémentaire de l'article 14 s'appliquait au locataire qui était à bout de bail au 30 juin 1926.

TITRE II
Cas d'acceptation du propriétaire.

SOUS-TITRE PREMIER
Conciliation.

CHAPITRE PREMIER
CONCILIATION DIRECTE.

CHAPITRE II
CONCILIATION DEVANT LE PRÉSIDENT.

SECTION I. — Caractère obligatoire.

315-1. Effet de la loi du 22 avril 1927. — C'est la loi du 22 avril 1927 qui a rendu « *obligatoire dans tous les cas et quelles que soient les raisons pour lesquelles l'accord n'est pas réalisé* », la tentative de conciliation devant le président (art. 2, § 5).

En vertu du texte primitif de la loi du 30 juin 1926, cette tentative était seulement nécessaire lorsque les parties étaient en principe d'accord sur le renouvellement du bail, les conditions de ce renouvellement restant seules à débattre. Elle était l'acte initial de la procédure de l'arbitrage.

Dans les autres cas, elle était inutile : le locataire, en cas de refus, assignait en indemnité d'éviction dans la quinzaine de la notification du refus et le tribunal était régulièrement saisi.

La loi du 22 avril 1927 a modifié cette situation et rendu la tentative de conciliation obligatoire dans tous les cas.

Quelle est la portée de cette disposition ?

315-2. Nécessité de la tentative de conciliation en cas de demande en indemnité d'éviction. — Les termes de l'article 4, § 2, modifié par la loi du 22 avril 1927, exigent une tentative de conciliation antérieure à l'assignation du locataire en indemnité d'éviction. En effet, cette assignation devra être signifiée : « *dans la quinzaine du procès-verbal de non-conciliation, ou de la notification, intervenue postérieurement, du refus de renouvellement* » (Voir *infra*, nº 531). Les deux mots « *intervenue postérieurement* », ajoutés par la loi du 22 avril 1927, rendent irrecevable, quels que soient par ailleurs les actes échangés, la demande en indemnité d'éviction engagée par le locataire avant la tentative de conciliation, sauf peut-être pour les procédures engagées antérieurement au 22 avril 1927 qui doivent être seulement régularisées. (Voir *infra*, nº 583-21.)

Si le propriétaire reste passif, le locataire devra donc prendre l'initiative de saisir le président par voie de requête, pour pouvoir ensuite, en cas de refus du bailleur, saisir le tribunal.

315-3. Locataires formellement exclus du bénéfice de la loi. — Mais jusqu'où faut-il étendre la portée du texte qui rend la tentative de conciliation obligatoire « *dans tous les cas* » ?

Il faut évidemment limiter son application aux cas où la loi peut être sérieusement invoquée.

Ni un locataire bourgeois, ni un locataire professionnel, ni un fermier, ne sauraient utilement prétendre que leur situation est prévue dans l'expression : « tous les cas ». La loi n'est pas faite pour eux.

Elle n'est pas faite non plus pour les locataires commerçants qu'elle exclut formellement, soit par une disposition spéciale, soit par l'exigence d'une condition impérative qui n'est pas remplie.

Les tribunaux doivent apprécier chaque situation de fait et dire si le bénéfice de la loi est invoqué sérieusement ou non. Leur tâche est évidemment délicate à cause de la complexité de la loi et des difficultés d'interprétation de son texte ; mais le principe est certain.

315-4. Intérêt de la question. — La question présente un intérêt considérable dans les cas où le propriétaire veut faire expulser son ancien locataire devenu sans titre. En exigeant qu'il soit procédé à la tentative de conciliation, celui-ci peut gagner du temps et, pendant la période transitoire, bénéficier des délais spéciaux (Voir *infra*, nºˢ 583-23 et s. et 583-34 et s.).

315-5. *Jurisprudence.* — La plupart des décisions sont conformes

aux conclusions ci-dessus : Req. 6 mars 1928 (D. H. 1928. 197) ;
Paris, 20 juillet 1927 (Gaz. Pal. 1927. 2. 568) ; Cour d'Amiens,
24 nov. 1927 (D. H. 1928. 94) ; Cour de Douai, 26 janvier 1928 (Rec.
Douai. 1928. 69).

SECTION II. — Procédure.

325-1. Comparution et représentation des parties. — Le législateur a manifesté son désir de mettre fréquemment en présence les
parties elles-mêmes, dans l'espoir de les rapprocher.

Lorsqu'elles ne se présentent pas en personne devant le président,
soit avant, soit après l'arbitrage, elles ne peuvent être représentées
que par leur avocat ou leur avoué (Art. 2 § 12 ; art. 3 § 12).

Les mandataires sont formellement exclus.

Quelle est la sanction de cette prescription ?

Le président doit évidemment considérer comme défaillante la
partie qui a envoyé un mandataire, puisque celui-ci n'a pas qualité
pour la représenter.

Mais si, par une autre interprétation de sa mission, le président
laissait figurer le nom du mandataire dans un procès-verbal de conciliation ou de non-conciliation, ce procès-verbal serait nul.

La nullité provenant d'un défaut de qualité, constitue une fin de
non-recevoir qui peut être opposée à n'importe quel moment de la
procédure et que ne sauraient couvrir des conclusions au fond. L'article 173 du Code de procédure civile qui prescrit de proposer avant
toute défense les nullités de procédure, s'applique uniquement aux
moyens de forme ; or, le moyen tiré du défaut de qualité est un moyen
de fond. (Voir sur ce point : Besançon, 20 avril 1910. D. P. 1911. 2.
60 ; Garsonnet, *Traité de procédure*, 2ᵉ éd., par César Bru, t. 2,
§ 899.)

325-2. *Jurisprudence*. — La Cour de Lyon a décidé (24 nov.
1927. Gaz. Pal., 1928. 1. 25) que la comparution d'un mandataire
rend nulle la procédure de conciliation, et que la nullité peut être
invoquée en appel pour la première fois.

SOUS-TITRE II

Arbitrage.

CHAPITRE PREMIER

ORIGINE ET NATURE DE L'ARBITRAGE.

348-1. Frais et honoraires des arbitres. — L'article 3 § 11 de la loi du 30 juin prévoit que « *chaque partie avancera... les frais et honoraires de l'arbitre par elle choisi* ». Il s'agit d'une obligation certaine et un arbitre serait bien fondé à refuser d'entreprendre son travail avant d'avoir reçu la provision sur le montant de laquelle il doit se mettre d'accord avec le plaideur qui l'a désigné.

Mais cet accord ne présente généralement qu'un caractère provisoire ; il ne constitue pas une convention définitive engageant réciproquement les deux intéressés. L'importance du rôle de l'arbitre, les soins qu'il devra apporter à sa tâche, les frais qu'il devra engager, ne peuvent être exactement prévus au début de l'arbitrage. La somme avancée par le locataire ou le propriétaire à son arbitre a un caractère purement provisionnel et réserve entièrement la fixation ultérieure des frais et honoraires dont le montant exact ne pourra être déterminé qu'après l'accomplissement de la mission confiée.

Une difficulté peut donc se présenter au sujet de cette fixation.

Une autre se rencontrera aussi, que nous examinerons ensuite (Voir *infra*, n° 348-6) au sujet du règlement.

348-2. Fixation des frais et honoraires. — La procédure d'arbitrage peut donner lieu à l'une des trois solutions suivantes : conciliation des parties devant les arbitres ou en dehors d'eux ; désaccord des arbitres et dépôt des rapports pour permettre au président du tribunal de rendre une ordonnance ; accord des arbitres et rédaction d'une sentence arbitrale.

348-3. Cas de conciliation. — Dans le premier cas, la conciliation, pour être parfaite, doit porter non seulement sur le fond du litige, mais aussi sur le règlement des frais engagés. Si l'accord s'établit sous la médiation des arbitres, il comprendra la fixation de leurs honoraires. En vertu de l'article 3 § 11, chacune des parties supportera les frais de son arbitre.

Si l'accord intervient en dehors des arbitres, dont la mission prend ainsi fin prématurément, la même disposition de l'article 3 reste applicable puisqu'elle vise d'une façon générale, les « cas de conciliation ». Ainsi, chaque arbitre sera encore en présence de la partie qui l'a choisi, mais le montant des frais et honoraires reste indéterminé. L'arbitre peut réclamer un supplément de provision ; le plaideur une restitution totale ou partielle. Les tribunaux de droit commun seront seuls compétents pour trancher ces difficultés éventuelles.

348-4. Cas de désaccord des arbitres. — La loi décide qu'en cas de désaccord des arbitres, les frais et honoraires « *feront masse avec les autres frais pour être supportés ainsi qu'il en sera décidé par le juge* » (art. 3, § 11).

Cette disposition ne donne pas pouvoir au président de fixer les frais et honoraires de chaque arbitre, mais simplement de les répartir entre les parties. En effet, l'ordonnance que rend le président statue sur le différend survenu entre un propriétaire et un locataire. Les arbitres ne sont pas en cause. Ils sont des tiers à l'égard du procès, et aucune mesure ne saurait être prise à leur sujet par une décision de justice intervenue dans un litige où ils ne sont pas parties. L'ordonnance ne peut constituer un titre que pour l'un des plaideurs, contre l'autre. Elle peut permettre à l'une des parties de recouvrer sur l'autre une quote-part ou la totalité des frais et honoraires qu'elle a avancés, mais elle ne peut pas fixer le montant des sommes dues aux arbitres. Dans ce cas encore, les tribunaux de droit commun, seront seuls compétents pour le faire.

Le président, dans son ordonnance, devra se borner à fixer, en pourcentage, la répartition des frais et honoraires, entre les plaideurs. Si l'un d'eux doit rembourser une partie des honoraires avancés par l'autre à son arbitre, comme la provision versée à cet arbitre ne lui sera pas opposable, il sera recevable à en demander la réduction au tribunal, comme l'arbitre sera recevable à en demander l'augmentation.

348-5. Cas de sentence arbitrale. — La solution ci-dessus, donnant compétence aux tribunaux ordinaires pour fixer le montant des honoraires des arbitres dans le cas où le président rend une ordonnance, s'impose, par analogie, dans le cas où les arbitres se mettent d'accord et rédigent une sentence arbitrale. La solution contraire, qui donnerait aux arbitres le droit de fixer eux-mêmes leurs propres honoraires, dans la sentence arbitrale, ne se concevrait pas.

Au surplus, les règles établies par le Code de procédure civile sont certainement applicables dans ce cas, et la jurisprudence et la doctrine ont toujours été d'accord pour donner compétence aux seuls tribunaux civils dans les contestations nées au cours des arbitrages ordinaires.

Les arbitres, rendant une sentence, auront qualité, comme le président du tribunal prononçant son ordonnance, pour répartir entre les parties les frais et honoraires de l'arbitrage.

348 6. Règlement des frais et honoraires. — L'opinion a été émise que les arbitres pouvaient obtenir la taxe de leurs frais et honoraires, et même un exécutoire de taxe. Elle trouvait son fondement juridique dans l'assimilation entre les arbitres et les experts. Nous avons vu (*supra*, nᵒˢ 344 et s.) que les arbitres, chargés par la loi de déterminer les conditions du renouvellement des baux commerciaux, sont de véritables arbitres constituant une juridiction. Ils ont les pouvoirs que les articles 1003 et suivants du Code de procédure civile donnent aux arbitres désignés par un compromis. La loi prolonge leur mission en cas de désaccord, puisqu'ils doivent déposer un rapport au lieu de se dessaisir, mais il ne semble pas que leur fonction, ni leur rôle juridique doivent s'en trouver modifiés.

Il n'apparaît donc pas possible de les qualifier d'experts, bien que leur mission soit équivalente. L'opinion contraire a pu être formulée (Voir *supra*, nᵒ 392), mais, pour les raisons qui précèdent, elle paraît aujourd'hui devoir être abandonnée.

Or, les questions de taxe et d'exécutoire de taxe sont régies par des textes étroits et la jurisprudence s'oppose rigoureusement à leur extension. L'article 319 du Code de procédure civile et le décret du 27 décembre 1920 (D. P. 1920. 4. 443) qui fixent les droits des experts, ne sont pas applicables aux arbitres rapporteurs nommés par les tribunaux de commerce en vertu de l'article 429 du Code de procédure civile, bien que ces arbitres rapporteurs aient un rôle tout à fait comparable à celui des experts.

Aussi pensons-nous qu'il n'est pas possible, en l'absence d'un texte spécial, de donner compétence au président du tribunal pour taxer les frais et honoraires des arbitres.

Seuls, les tribunaux de droit commun auront qualité pour les fixer.

Si un arbitre, après avoir accompli sa mission, ne réussit pas à se faire régler, il assignera en paiement, devant le tribunal civil, le plaideur qu'il considère comme son débiteur, et le jugement qu'il obtiendra constituera son titre.

CHAPITRE II

PROCÉDURE.

349-1. L'arbitre n'est pas un mandataire. — Dans la procédure ordinaire d'arbitrage, telle qu'elle est réglementée par les articles 1003 et suivants du Code de procédure civile, les arbitres sont choisis d'accord entre les parties, ou tout au moins acceptés par elles. La mission des arbitres est, en effet, fixée dans le compromis qui est signé par les intéressés.

La procédure instituée par la loi du 30 juin 1926 repose sur une base tout à fait différente. Chaque plaideur désigne son propre arbitre, par déclaration au greffe, sans se soucier de l'avis de l'autre sur son choix.

Il ne faudrait pas conclure de cette différence que les arbitres ont un autre rôle. Leur mission est exactement celle que détermine le Code de procédure civile. Ils ne sont pas des mandataires, mais des arbitres véritables, et la loi leur donne formellement le pouvoir de rendre une décision sous forme de sentence arbitrale, puisque c'est seulement en cas de désaccord que le président du tribunal doit être saisi.

Au surplus, l'arbitre peut être désigné d'office par le président du tribunal, en cas de négligence. (Voir *infra*, n° 356-1). Il est impossible de concilier cette désignation avec l'idée de mandat. (Voir *infra*, n° 397-2.)

356-1. Arbitre nommé d'office. — A l'expiration du délai de quinzaine à partir du procès-verbal de non conciliation, prescrit par l'article 3, § 4, pour désigner les arbitres, le président a le pouvoir de désigner d'office l'arbitre du plaideur négligent.

Cette désignation se fera à la demande de la partie adverse, qui déposera au greffe du tribunal la requête nécessaire. (Voir formule n° 10.)

L'arbitre ainsi désigné a les mêmes prérogatives que s'il avait été choisi par la partie défaillante. Il doit remplir exactement le même

rôle et sa mission lui est dictée, non pas par l'ordonnance qui le nomme, mais par la loi du 30 juin 1926.

Il peut être récusé exactement dans les mêmes conditions qu'un arbitre ordinaire.

358-1. Résistance d'une partie à l'arbitrage. — L'un des plaideurs peut avoir intérêt à retarder le travail des arbitres. Tel est parfois le cas du locataire sans titre, qui désire prolonger sa situation de fait. Sa mauvaise volonté, son refus de communiquer les documents nécessaires, son absence aux rendez-vous ou même sa simple inertie, accompagnée parfois de la complicité passive de l'arbitre qu'il a choisi, sont susceptibles de prolonger indéfiniment l'arbitrage.

La loi n'a imparti aucun délai aux arbitres. En vertu de l'article 1007 du Code de procédure civile, la sentence arbitrale devra être déposée dans les trois mois. (Voir nᵒˢ 349 et s.) Mais en cas de désaccord des arbitres, leur rapport distinct peut être valablement déposé au greffe après un temps très long.

La partie diligente est un peu désarmée contre l'obstruction de son adversaire.

Elle peut, sans doute, faire sommation de déposer le rapport et, en cas d'insuccès, prendre l'initiative de demander au président la nomination d'un autre arbitre. Cette procédure serait discutable. Puis, si le nouvel arbitre se heurtait à son tour aux obstacles créés par le plaideur, sa mission ne s'accomplirait que difficilement. Elle ferait, en tout cas, gagner du temps au locataire.

Quoi qu'il en soit, la responsabilité de la partie coupable serait engagée et elle devrait réparer par la suite le préjudice causé.

Cette situation sera, du reste, peu fréquente après la période transitoire. L'intérêt des deux parties commandera la fixation des conditions du bail nouveau dans le délai le plus rapide.

Les difficultés créées par le locataire au cours de l'arbitrage peuvent-elles constituer un motif grave et légitime à son encontre, susceptible de justifier le refus de renouvellement ? Le tribunal apprécierait en fait. En tout cas son attitude pourrait entraîner la résiliation du bail en cours, ce qui aurait pour conséquence indirecte la disparition du droit au renouvellement. (Voir *supra*, nᵒ 170-6.)

358-2. *Jurisprudence.* — Le président du tribunal civil de la Seine a jugé, en référé (15 nov. 1927. Rev. Loyers 1928. 123) que si le locataire empêche par son inertie l'arbitre de procéder à sa mission, il y a lieu de lui accorder un délai et, en cas d'inertie nouvelle, d'ordonner son expulsion.

CHAPITRE III

MISSION DES ARBITRES.

SECTION I. — Fixation du prix.

368-1. Règles à suivre. Absence d'offres. — La mission des arbitres consiste principalement à déterminer la valeur locative actuelle des lieux pour lesquels le commerçant demande un renouvellement de bail.

Cette valeur locative est celle qui doit résulter du libre jeu de la concurrence, de la loi normale de l'offre et de la demande.

Elle est fixée très facilement par les offres des tiers, qui ont un caractère déterminant obligatoire, lorsque le propriétaire a pu en obtenir et les a transmises aux arbitres.

Dans le cas contraire, les arbitres disposent de tous les moyens d'investigation, et la plus grande liberté leur est laissée. Ils doivent, en réalité, chercher à quel taux pourrait être faite une offre normale. Ils tiendront compte de tous les éléments susceptibles d'influencer le tiers supposé qui désirerait devenir locataire.

368-2. JURISPRUDENCE. — Il a été jugé (Tribunal civil de la Seine, Ordonnance du 15 février 1928. Rev. Loyers 1928. 442 et Ordonnance du 25 janvier. Rev. Loyers 1928. 443) que: « pour établir la valeur locative d'un immeuble à usage de commerce ou d'industrie, il convient de considérer tout d'abord son mode de construction, son étendue, son aménagement, sa situation et son état d'entretien ».

368-3. Influence de la stabilisation sur le taux du loyer. — La loi monétaire du 25 juin 1928 a fixé définitivement la valeur nouvelle du franc, très sensiblement au cinquième de sa valeur d'avant-guerre.

En principe, des sommes équivalentes doivent donc être exprimées par un nombre cinq fois plus grand d'unités monétaires.

Si la valeur locative d'un immeuble ou d'un local est restée identiquement la même en valeur absolue depuis 1914, le taux du loyer correspondant doit être multiplié par cinq. (Voir article de M. Capitant, D. H. Chronique, 1928. 53.)

Il est impossible de ne pas tenir compte de la définition nouvelle du franc dans la détermination des valeurs locatives actuelles et dans la fixation de la valeur raisonnable sur laquelle le propriétaire peut légitimement compter.

Toutes choses égales d'ailleurs, le propriétaire devrait légitimement recevoir le même loyer qu'en 1914, c'est-à-dire une somme quintuple, puisque la loi du 30 juin 1926 permet le libre jeu de la loi de l'offre et de la demande qui avait autrefois déterminé le loyer d'avant-guerre.

Mais de nombreux éléments apporteront des modifications à cette règle : éléments d'ordre général d'abord, parmi lesquels on peut citer, en faveur d'une augmentation du loyer, la plus grande rareté des locaux, et en faveur d'une diminution, les accroissements considérables des charges du commerce, en particulier des charges fiscales ; éléments d'ordre particulier ensuite, qui entrent en ligne de compte dans chaque espèce : transformation du quartier, déplacement d'un centre d'affaires, percement d'une voie nouvelle, ouverture d'un marché, etc., etc...

Les arbitres devront tenir compte de tous ces éléments.

368-4. Influence des clauses du bail sur le taux du loyer. — Les arbitres devront aussi tenir compte des avantages divers que le bail peut, dans sa rédaction, réserver à l'une ou à l'autre des parties.

Le paiement des impôts (contribution foncière, taxes locatives) (Voir *supra*, n° 388), l'entretien des lieux, la faculté plus ou moins grande de céder ou de sous-louer, la possibilité de modifier le commerce, les facilités accordées dans l'exercice du commerce, sont autant de points qui contribuent, parfois dans une mesure considérable, à la fixation de la valeur locative.

Les conditions proposées par le propriétaire dans un intérêt légitime (Voir *supra*, n° 385 et *infra*, n° 385-1 et s.), auront aussi leur répercussion sur le prix. La loi le prévoit d'ailleurs expressément (art. 3, § 10).

368-5. *Jurisprudence.* — Il a été jugé : ...que la clause de résiliation contenue dans l'ancien bail avait pu contribuer à une fixation plus modérée du loyer (Tribunal civil de la Seine, ordonnance 18 janvier 1928. Rev. Loyers 1928. 443) ; ...qu'il y a lieu de tenir compte des conditions non contraires à l'intérêt légitime des parties imposées par le propriétaire (Tribunal civil de la Seine, ord. 15 février 1928. Rev. Loyers, 1928. 442) ; ...que si un locataire avait élevé des constructions, il en devait prévoir l'amortissement, et qu'il doit être tenu compte de ces constructions qui lui sont louées en plus dans le nouveau bail (Tribunal civil de la Seine, Ord. 21 janvier 1928. Rev. Loyers 1928. 442).

369-1. Offre sincère et réelle. — Lorsque les arbitres se trouvent en présence d'offres formulées par des tiers, leur rôle est beaucoup simplifié puisque, s'ils estiment que ces offres sont « sincères et réelles », elles fixent obligatoirement le taux du loyer.

Nous pensons qu'il convient d'adopter le sens exact et littéral des deux qualificatifs employés par la loi.

L'offre sera réelle lorsque son existence sera établie, par exemple par la production de l'écrit qui la contient.

L'offre sera sincère lorsqu'elle correspondra au désir effectif, à l'intention certaine de celui qui l'a formulée de devenir locataire, aux conditions fixées, des lieux envisagés, si ceux-ci sont abandonnés par l'occupant.

369-2. Obtention des offres. — Il est dans l'esprit de la loi que le propriétaire recherche les offres ; celles-ci ne peuvent pas naître spontanément au sujet d'un local dont nul ne connaîtrait la prochaine échéance du bail.

Le propriétaire doit donc faire savoir que son local est « susceptible d'être loué », suivant une expression devenue courante. Tous les procédés lui sont permis, dans la mesure où ils ne causeront aucun préjudice au locataire actuel. Il peut faire de la publicité, s'adresser à des agences, en parler autour de lui, etc...

Il peut placer un panneau sur son immeuble, sauf à respecter les droits que les locataires peuvent posséder sur l'extérieur de leur local. (Voir *supra*, nos 22 et s.)

Peut-il aussi faire visiter ? Une difficulté se présente ici. Très fréquemment les offres devront être présentées aux arbitres à un moment encore assez éloigné de l'échéance du bail, parfois un an ou même dix-huit mois, or le bail ne prévoit, en général, que l'obligation pour le preneur de laisser visiter les lieux dans les trois ou six derniers mois, mais pas plus tôt.

La visite est cependant indispensable aux tiers qui sont sur le point de faire une offre, car l'on ne conçoit pas une offre sérieuse portant sur des locaux qui n'auraient pas été examinés en détail.

Aussi pensons-nous que le propriétaire trouve dans la loi le droit de faire visiter les locaux au moment où il doit se procurer des offres. Faute d'accord avec le locataire en place, il s'adressera au président du tribunal statuant en référé. Celui-ci fixera des heures de visite au moment où le locataire doit être le moins dérangé.

L'usage s'est établi ainsi, sans soulever de difficultés, dans la plupart des tribunaux. (Voir cependant en sens contraire note sous Trib. civ. Haute-Vienne, Ord. du 11 janvier 1927, Rev. Loyers 1927.554.)

369-3. Valeur juridique de l'offre. — Pour que l'offre d'un tiers soit sincère et réelle, il faut qu'elle constitue une véritable pollicitation, qu'elle contienne, implicitement tout au moins, l'engagement de l'offrant de signer le bail qu'il sollicite si son offre peut être agréée.

La déclaration qui correspondrait seulement à l'opinion qu'un tiers peut avoir sur la valeur locative ne serait pas une offre.

L'offre engage celui qui la fait, dans la limite de temps et des conditions qu'elle contient.

En principe, l'offrant connaît la date d'échéance du bail et c'est pour cette date-là qu'il envisage la possibilité d'entrer dans les lieux. Si ceux-ci deviennent libres, le bailleur est en droit d'exiger la réalisation de l'offre, à moins que celle-ci n'ait été assortie d'une réserve comme, par exemple, la nécessité d'avoir une réponse dans un délai fixé.

369-4. L'offre doit-elle faire état des indemnités éventuelles ? — Il ne faut pas oublier que l'offre est destinée à déterminer la valeur locative réelle qui, normalement, par application de la loi du 30 juin 1926, et en vertu des lois économiques, devrait être fixée par le jeu de la libre concurrence.

Les locaux destinés au commerce ou à l'industrie sont une véritable marchandise. Ils ne sont pas taxés. Et la loi veut qu'ils soient échangés à leur valeur réelle, à celle qui résulte de l'accord librement établi entre les exigences du bailleur et les propositions des candidats locataires.

Mais, généralement, les marchandises offertes dans le commerce sont disponibles, ou le deviendront certainement à une date connue. La situation des locaux commerciaux est différente. Ils sont occupés par le locataire en place qui y restera jusqu'à la fin du bail en cours et qui, à cause du droit de préférence que la loi lui réserve, pourra y rester ensuite pendant la durée d'un nouveau bail. Le propriétaire ne peut prendre aucun engagement à l'égard des tiers qui désirent devenir ses locataires, sans s'exposer à payer une indemnité d'éviction au locataire en place.

Sous cette réserve, que les parties ne peuvent pas ignorer, l'offre est bien destinée à établir la valeur locative réelle qu'aurait le local litigieux, s'il était disponible à l'expiration du bail en cours. Elle est indépendante de la nature ou de la prospérité du commerce actuel. Elle est seulement fonction de la valeur commerciale des locaux supposés libres.

Il ne peut être question d'exiger de l'offrant qu'il prenne à sa charge une indemnité quelconque destinée au locataire en place. La pratique plus ou moins légale du « pas de porte », qui provient, dans la plupart des cas, de la fixation du loyer à une valeur inférieure à sa valeur réelle, ne saurait trouver place ici.

Les arbitres devront examiner la sincérité et la réalité des offres sans se soucier des indemnités éventuelles auxquelles le locataire pourrait avoir droit. Au surplus, l'offre qui comporterait l'engagement de payer une indemnité éventuelle indéterminée, susceptible de s'élever à une somme imprévisible, manquerait presque nécessairement de loyauté.

L'offre sincère et réelle suppose le local libre à l'expiration du bail en cours, sans autres charges à l'égard du bailleur que celles qu'elle contient ou que contiendrait le bail sollicité, et sans aucune obligation à l'égard du locataire en place.

369-5. Quid en cas d'offre excessive ? — Le rôle des arbitres ne se borne pas à examiner la réalité et la sincérité des offres. Lorsqu'ils ont constaté ces deux caractères, ils doivent ensuite rechercher si le prix qu'elles contiennent n'est pas hors de proportion avec la valeur du loyer sur lequel le propriétaire pouvait raisonnablement compter. (Voir n°s 375 et s.)

Si une offre présentait ce caractère, elle exposerait celui qui l'a formulée au paiement de l'indemnité d'éviction en admettant qu'elle ait pour conséquence le départ du locataire.

Il est donc indispensable que les arbitres, dans le cas où une offre leur semblera susceptible d'être jugée excessive, obtiennent des précisions sur cette offre et demandent à l'offrant s'il est disposé, éventuellement, à courir le risque d'avoir à payer l'indemnité d'éviction. Si l'offrant répond par l'affirmative, les arbitres ou le président devront, en tout état de cause, fixer au prix indiqué par lui le nouveau taux du loyer. Si, au contraire, il déclare que son offre est nette de toute indemnité, les arbitres et le président devront la retenir seulement si elle n'est pas excessive, la déclarer inexistante si elle est hors de proportion avec le loyer raisonnable.

Cette façon d'examiner les offres nous paraît obligatoire et imposée par le texte même de l'article 3.

Observons que l'offre excessive étant seulement celle qui présente un caractère spéculatif ou exorbitant (Voir nᵒˢ 362 et s.), il doit être très facile aux arbitres de la déclarer telle de prime abord et de la soumettre à l'examen complémentaire qu'elle comporte.

369-6. *Jurisprudence.* — Il a été jugé (Tribunal civil Seine, deux ordonnances du 17 novembre 1927, Rev. Loyers 1928, 49 et 52) que l'offre faite sous condition de ne pas payer d'indemnité n'était pas une offre sincère.

Il a été également jugé que l'offre personnelle de convenance n'est ni réelle, ni sincère (Tribunal civil Seine, Ord. 10 novembre 1927, Rev. Loyers 1928, 46) ; ...que l'offre qui porte seulement sur une partie des locaux ou qui comporte la transformation d'une partie des locaux destinée à l'habitation ne peut être retenue (Trib. civ. Seine, ord. 15 février 1928, Rev. Loyers 1928, 444).

372-1. Personnalité de l'offrant. — La loi exige seulement de l'offre qu'elle soit sincère et réelle. Peu importe la personnalité de son auteur. Il peut être commerçant déjà établi, ou non commerçant ; il peut habiter à côté des locaux ou très loin d'eux ; il peut être employé ; il peut exercer une profession indépendante ; il peut être parent du propriétaire ou du locataire ; aucune de ces considérations personnelles n'ont d'influence sur la validité de son offre. Peut-être serviront-elles, par la suite, à déceler son caractère spéculatif, ou la fraude. Mais il suffit, au cours de l'arbitrage, pour que l'offre joue son rôle dans la détermination du prix, que celui qui l'a formulée ait véritablement l'intention, et la possibilité par conséquent, de devenir locataire dans les conditions qu'il propose.

L'article 3 § 6 parle de l'offre faite par un « tiers ». Il ne faut pas attacher au mot « tiers » un sens qu'il n'a pas. En l'espèce, deux personnes sont en présence : le propriétaire et le locataire. Il nous semble que toute autre personne est un tiers, même si elle a un lien de droit avec l'une ou l'autre des parties, même si elle a des intérêts communs avec elle (sauf recours de la partie lésée en cas de fraude, naturellement). Une société dont le propriétaire fait partie est un tiers, car elle a une personnalité distincte. Il en est de même d'un autre locataire du même immeuble, ou du gérant du fonds de commerce exploité dans les locaux litigieux, qui sont des tiers dans le conflit qui met aux prises uniquement le propriétaire de l'immeuble et le locataire qui sollicite le renouvellement de son bail.

372-2. *Jurisprudence.* — Il a été jugé ...que l'offre faite par un gérant ne peut être retenue, car elle émane d'un non-commerçant (Tribunal civil Seine, ord. 8 mars 1928. D. H. 1928. 376) ; ...que l'offre faite par un commerçant déjà établi dans l'immeuble, pour s'agrandir, est une offre de convenance mais qu'elle doit fixer le taux du loyer si elle est sincère et réelle (Cour de Paris, 1er février 1928. Gaz. Pal. 1928. 1. 318, et la note).

372-3. Preuve de la réalité et de la sincérité. — Il est évident que le propriétaire qui verse aux débats, pour les soumettre aux arbitres, les offres qui lui sont parvenues, doit fournir la preuve de leur caractère réel et sincère.

En ce qui concerne la réalité, la justification la plus simple est la production matérielle de l'offre écrite.

La sincérité est d'un tout autre domaine, puisqu'elle n'existe que dans l'intention effective de l'offrant de devenir locataire, s'il le peut.

En principe, devant l'affirmation qu'il donnera, les arbitres devront s'incliner à moins que des renseignements précis, ou sa situation personnelle, ne rendent invraisemblables ses déclarations.

L'adage qui veut que la bonne foi soit toujours présumée s'applique ici et retourne le fardeau de la preuve dès que l'offrant a fait connaître ses intentions d'une façon non équivoque.

372-4. *Jurisprudence.* — La Cour de Paris (1er février 1928. Gaz. Pal. 1928. 1. 318) a jugé que la fraude ne se présume pas et qu'il faut en principe tenir l'offre pour réelle.

372-5. Offre après arbitrage. — L'article 3, § 6 et 7, prévoit évidemment la production des offres et leur discussion devant les arbitres.

Que faut-il penser d'une offre intervenant après la fin de leur mission ?

S'ils ont déposé chacun leur rapport, l'offre tardive peut être présentée au président.

Le rôle du président n'est pas limité. (Voir *supra*, nos 402 et s.) Il n'est pas un tiers arbitre et nous trouvons assez juste le néologisme employé par quelques décisions qui le qualifient de « super-arbitre ». Il statue avec les pouvoirs les plus étendus, et, s'il doit étudier les rapports des arbitres, il conserve la liberté de statuer sans tenir compte de leurs conclusions qui ne sont pour lui que des avis.

Sa mission, en ce qui concerne le prix, est de déterminer la valeur locative réelle et il est de son devoir de s'entourer à ce sujet de tous les renseignements utiles.

L'offre qui lui est présentée tardivement constitue bien un renseignement précieux et, à ce titre, le président doit l'examiner.

On peut opposer un argument d'ordre uniquement pratique : il est plus difficile au président qu'aux arbitres de vérifier la réalité et la sincérité d'une offre. L'objection n'apparaît pas très sérieuse. Rien n'empêche le président de convoquer à son cabinet, en même temps que les arbitres, les parties et leurs avocats, le tiers qui a formulé l'offre. Rien n'empêche le président d'utiliser en l'espèce les moyens d'instruction que le Code met à sa disposition, et qu'il peut toujours ordonner d'office. La loi prévoit, au surplus, la nomination d'un expert.

La question peut même se poser de savoir si le président ne pourrait pas ouvrir à nouveau l'arbitrage.

Quoi qu'il en soit, à cause de l'étendue de sa mission, le président doit examiner les offres qui lui sont présentées, même si elles n'ont pas été soumises aux arbitres.

Et, puisque devant la cour, comme devant le président, comme devant les arbitres, le problème consiste toujours à déterminer la valeur locative réelle, nous pensons qu'une offre produite pour la première fois en appel doit être examinée, comme doit être examiné tout document nouveau versé aux débats après la décision des juges du premier degré.

Il en résulte que si les arbitres ont rendu une sentence arbitrale sanctionnant leur accord, et que cette sentence soit déférée à la Cour d'appel (Voir sur ce point *supra*, nᵒˢ 390 et s.), celle-ci devra dans les mêmes conditions, tenir compte de l'offre qui lui sera présentée.

372-6. *Jurisprudence.* — Il a été jugé ...que toute offre doit être soumise aux arbitres et qu'il ne peut être tenu compte qu'à titre d'élément de fait d'une offre produite lorsque les arbitres sont dessaisis (Trib. civ. Seine, Ord. 19 novembre 1927. Rev. Loyers 1928. 48) ; ...que l'offre doit être présentée aux arbitres et que le président doit rejeter celle qui lui est présentée pour la première fois (Trib. civ. Seine, Ord. 10 novembre 1927. Rev. Loyers 1928. 46 et 18 avril 1928. Rev. Loyers 1928. 456) ; ...que l'offre qui n'a pas été examinée par l'arbitre du locataire doit être écartée (Trib. civ. Seine, Ord. 8 décembre 1927. Rev. Loyers 1928. 458) ; ...que l'offre faite après l'arbitrage doit être examinée par le président (Trib. civil Seine, Ord. 12 janvier 1928. D. H. 1928. 263) ; ...que l'offre faite après le dépôt du rapport des arbitres est tardive (Cour de Paris, 18 avril 1928. Rev. Loyers 1928. 456).

373-1. Détermination du prix. *Jurisprudence.* — C'est un principe absolu que le nouveau loyer doit être fixé au montant des offres reconnues sincères et réelles, même si elles sont excessives. (Voir sur ce point, Trib. civ. Seine, Ord. 17 novembre 1927. Rev. Loyers 1928. 52 et 53 ; Paris, 1er février 1928, trois arrêts. Gaz. Pal. 1928. 1. 316).

373-2. Résultats acquis. — Des statistiques ont relevé les augmentations consacrées par les nouveaux loyers fixés en application de la loi du 30 juin 1926, par rapport aux loyers d'avant-guerre. Elles ont répondu surtout aux préoccupations de quelques législateurs.

Sur une demande écrite de M. Chazette, le ministre de la Justice fournissait les renseignements suivants (Chambre, Débats, 22 novembre 1927, p. 3173) : du 1er octobre 1926 au 1er juillet 1927, augmentation moyenne de 181 % dans les conciliations, 217 % en cours d'arbitrage ou devant le président.

A la séance du 15 novembre 1927 (Chambre, Débats, p. 2993), M. Garchery donnait des renseignements, les uns officiels, les autres officieux, d'où résultait que, dans certaines villes comme Nancy, Lyon, Marseille, Bordeaux, le nouveau taux correspondait à des augmentations de 500 à 600 %.

La Revue des Loyers (1928, p. 458 et suiv.) a publié un tableau des résultats de l'application de la loi devant le Tribunal civil de la Seine dans le 1er trimestre 1928. En appelant 1 le loyer 1914, les loyers nouveaux ont été fixés, en moyenne : à 2,98 en conciliation; 4,30 par sentences arbitrales ; 4,13 par ordonnances des présidents. Ces chiffres constituent seulement des moyennes car les cas extrêmes varient de 1 à 14.

La même revue avait publié dans son numéro de mars 1928 (1928, p. 207 et suiv.) les mêmes renseignements pour la période allant du 30 juin 1926 au 31 décembre 1927 où des coefficients analogues ont été adoptés.

De ces statistiques, il faut conclure que l'ensemble des loyers nouveaux est assez sensiblement inférieur au quintuple des loyers de 1914. La stabilisation légale aura vraisemblablement pour résultat d'élever les moyennes actuelles, qui devraient logiquement se fixer autour du coefficient cinq. Ce coefficient correspondrait, en effet, au maintien de la valeur locative des locaux commerciaux, en valeur absolue.

Il est évident que la rareté des locaux aurait conduit à des fixations infiniment supérieures, tout au moins pendant un certain temps, si la liberté complète avait été brusquement rétablie.

La loi du 30 juin 1926 a donc eu jusqu'ici pour effet de modérer assez sensiblement le montant des loyers des baux renouvelés.

374-1. Point de départ du nouveau loyer.

— L'article 16 a fixé le point de départ du nouveau loyer, soit à la date de la demande de renouvellement si le bail était expiré au 30 juin 1926, soit à l'expiration du bail dans le cas contraire. Il n'existe aucune difficulté dans ce dernier cas.

Mais la situation des locataires dont le titre s'arrêtait au 30 juin 1926 peut présenter l'anomalie suivante : en vertu de l'article 14, modifié par la loi du 22 avril 1927, la demande de renouvellement pouvait n'être adressée que le 15 juillet 1927. Plus d'une année a donc pu s'écouler entre la fin du bail ou de la prorogation et la date à laquelle commencera à courir le nouveau loyer.

Quelle était, pendant cette année, la situation juridique du locataire ? Ce dernier était évidemment sans titre, mais possédait un droit à un titre nouveau qui lui a été postérieurement consenti avec une solution de continuité entre les deux baux.

C'est seulement une indemnité d'occupation qui peut lui être réclamée. Seul, le tribunal civil, statuant en matière ordinaire, aura qualité pour la fixer.

Remarquons que si le propriétaire avait refusé le renouvellement, il aurait, pendant la période transitoire, fait fixer l'indemnité d'occupation par le président du tribunal saisi en vertu de la loi du 27 mars 1928. (Voir *infra*, n° 583-48.) L'article 4 de cette loi donne, en effet, mission au magistrat de fixer « *par provision le montant et le point de départ de l'indemnité d'occupation due au propriétaire postérieurement à la fin du bail ou de la prorogation sans que ce rappel puisse remonter au delà du 30 juin 1926* ».

375-1. Offre excessive. Définition.

— Il est impossible de déterminer dans quel cas une offre, reconnue sincère et réelle, doit être déclarée « *hors de proportion avec la valeur du loyer sur lequel le propriétaire pouvait raisonnablement compter* », sans se rappeler à la fois l'esprit de la loi et les travaux préparatoires.

La loi veut que le jeu de la libre concurrence fixe le taux du loyer. Mais à cause de certaines situations spéciales, la libre concurrence peut donner lieu à une véritable spéculation. Il faut se reporter aux déclarations faites à ce sujet par M. Ignace et M. Puech. (Voir *supra*, n°s 362 et s.) C'est pour mettre à l'abri de ce danger les petits commerçants que le législateur a apporté une limite à la libre concurrence.

Les exemples donnés au cours des débats parlementaires sont tout
à fait expressifs : c'est une grande banque, un grand magasin, qui
veut un local « à tout prix » ; c'est un concurrent puissant qui veut
faire disparaître un concurrent qui le gêne ».

Deux qualificatifs précisent bien la pensée du Parlement. M. Ignace
a dit que l'offre excessive était celle qui sortait « de la normale pour
entrer dans l'ordre spéculatif » (25 mai 1923. *J. O.*, p. 2124). M. Puech
a dit qu'elle fixait « un prix de loyer exorbitant » (3 juin 1925. *J. O.*,
p. 2529).

Spéculative, exorbitante, tels sont les caractères de l'offre excessive.

375 2. Critérium. — Au surplus, le texte exprime bien la pensée
du législateur et le sens littéral de l'expression « *hors de proportion* »
correspond assez justement à ce qu'il voulait dire.

Mais il est difficile de déterminer exactement, en supposant connue
la valeur réelle, à partir de quel chiffre l'offre devient « hors de proportion ». S'agit il d'une différence de fraction, 1/5, 1/4, 1/2 ? S'agit-
il du rapport du simple au double, du simple au triple, du simple au
quadruple ?

Le champ d'appréciation des présidents et des cours d'appel est
absolument libre. La loi leur laisse un pouvoir souverain d'appréciation.

Ils devront s'inspirer surtout du but poursuivi, et chercher principalement dans le mobile qui a inspiré l'offre, son caractère normal
ou spéculatif.

375-3. *Jurisprudence*. — Il a été jugé ...que l'offre de 4.000 fr.
plus 15 % de charges entraînait l'indemnité d'éviction lorsque la valeur
équitable était 4.000 francs ; ...que 40.000 francs est hors de proportion
avec 35.000 ; (Paris, 1er février 1928, trois arrêts. Gaz. Pal. 1928.1.316);
...que 80.000 n'est pas hors de proportion avec 72.000 (Trib. civ.
Seine, 15 février 1928. Rev. Loyers 1928. 444) ; ...que 40.000 est
hors de proportion avec 30.000 (Paris, 18 avril 1928. Rev. Loyers 1928.
456) ; ...que l'offre est « hors de proportion » lorsqu'elle est déraison-
nable et qu'elle dépasse manifestement le prix de la concurrence
loyale (Paris, 29 février 1928. Rev. Loyers 1928. 457).

SECTION II. — Durée du nouveau bail.

379-1. Baux écrits. — La règle fixée par l'article 3 § 9 est absolue :
la durée du nouveau bail « *sera égale à celle du bail en cours, sans
toutefois dépasser neuf ans* ».

Seul, « *le bail en cours* » doit être envisagé. Peu importe la durée des baux précédents. Le texte ne prête à aucune discussion.

Le bail en cours est, en période normale, celui pendant lequel la demande de renouvellement est formulée, entre deux ans et dix mois avant sa fin ; en période transitoire, c'est le dernier bail dont le locataire a profité et qui a pu se trouver prolongé par les prorogations successives.

La durée du bail en cours est fixée dans le bail lui-même. Lorsqu'il prévoit, par exemple neuf années consécutives, ou trois, six ou neuf années au choix du preneur seul, sa durée est certainement de neuf années. En est-il de même lorsqu'il est consenti pour plusieurs périodes, trois, six ou neuf années, au choix respectif des parties ou au choix du bailleur seul ?

Dans ce dernier cas, le propriétaire avait la faculté de le faire cesser à la fin de la troisième ou de la sixième année.

Comment le nouveau bail devra-t-il être libellé sur ce point ?

Nous pensons que pour rester fidèle au texte de l'article 3 § 9, il faut décider que si le bailleur n'a pas dénoncé le bail, il conviendra de reproduire exactement la même formule dans le bail nouveau, et qu'au contraire, s'il l'a dénoncé, la durée du bail nouveau sera réduite à celle du bail ainsi dénoncé.

379-2. *Jurisprudence.* — Il a été jugé ...qu'un bail de trois, six ou neuf années à la volonté réciproque de chacune des parties, était un bail de trois ans et non un bail de neuf ans (Paris, 1er février 1928, 2e espèce. Gaz. Pal. 1928. 1. 317); ...que par bail en cours, il faut entendre la dernière convention, même si elle n'est qu'une prorogation conventionnelle entre les mêmes parties, pour le même prix, au sujet des mêmes locaux (Trib. civil Seine, 30 décembre 1927. D. H. 1928. 218); ...qu'une location verbale suivie d'un bail de 4 ans et 3 mois donne lieu à un renouvellement de 4 ans et 3 mois (Trib. civ. Seine, 31 décembre 1927. Rev. Loyers 1928, 153); ...que la durée du bail renouvelé est celle du bail précédent et qu'il n'y a pas lieu de tenir compte des baux antérieurs (Trib. civil Seine, 13 janvier 1928. Rev. Loyers 1928. 441 et 21 janvier 1928. Rev. Loyers 1928. 442).

SECTION III. — Conditions accessoires.

385-1. Intérêt légitime du propriétaire. — Le paragraphe 10 de l'article 3 prescrit aux arbitres d'homologuer les « *conditions pro-*

posés par le propriétaire dans un intérêt légitime » sauf à en tenir compte dans la détermination du prix.

D'une façon générale, on considère que le bail renouvelé doit reproduire les clauses et conditions du bail ancien. Les conditions accessoires visées par le législateur sont donc celles que le propriétaire désire ajouter au texte du contrat antérieur.

Le pouvoir d'appréciation des arbitres est complet sur la légitimité de l'intérêt invoqué par le propriétaire ; le problème, presque toujours, trouvera sa solution dans des circonstances de fait particulières.

La loi n'exige pas du tout que la condition accessoire proposée trouve son origine dans un état de choses nouveau. Le propriétaire peut très bien faire compléter le bail primitif par une clause qu'il aurait eu un intérêt légitime à insérer lors de sa rédaction et qu'il conserve un intérêt légitime à faire placer dans le nouveau bail.

Une situation de fait nouvelle justifiera l'addition d'une clause correspondante. Il en sera de même pour la modification donnée par la jurisprudence à la validité ou à l'interprétation d'une clause ancienne.

385-2. *Jurisprudence.* — La Cour de Bordeaux, 13 février 1928 (D. H. 1928. 205) a estimé que, en dépit du peu de clarté des travaux préparatoires, il semble « que le législateur n'a eu l'intention d'envisager que les conditions dérivant d'un état de choses nouveau ».

Une ordonnance du tribunal civil de la Seine du 15 février 1928 (Rev. Loyers 1928. 1. 442) déclare légitimes les clauses mettant à la charge du locataire : les réparations sauf celles que prévoit l'article 606 du Code civil, les impôts y compris l'impôt foncier, et le versement d'une garantie de six mois de loyer d'avance. (Voir aussi Cour de Nancy, 3 déc. 1927. Gaz. Pal. 1928. 1. 146.)

386-1. Clauses visant la cession et la sous-location. — La jurisprudence relative à la portée des clauses autorisant ou interdisant la cession ou la sous-location a beaucoup évolué dans ces dernières années. Elle se montre beaucoup moins rigoureuse et se reconnaît un droit d'interprétation beaucoup plus large. (Voir *supra*, nos 35 et s. et 38-1 et s.)

Le propriétaire peut donc légitimement demander la modification de la clause primitive afin de trouver dans le nouveau bail les garanties que lui assurait le bail ancien.

Mais les arbitres devront rejeter les formules qui aboutiraient à l'impossibilité absolue de céder le fonds de commerce, car elles seraient contraires à l'esprit et au but de la loi du 30 juin 1926.

Par ailleurs, l'un des effets de cette loi sera de perpétuer les locations commerciales et d'engager le propriétaire pour une durée susceptible de s'étendre indéfiniment. Au moment où celui-ci se liait pour six ou neuf années seulement, il pouvait négliger des garanties dont la nécessité ne s'imposait pas. En renouvelant le bail primitif, il s'engagera pour une période indéterminée, et c'est très légitimement qu'il peut exiger plus de soin dans la rédaction des clauses du bail nouveau.

Si l'ancien texte ne contenait aucune disposition relative au droit de céder ou de sous-louer, le locataire pouvait agir en toute liberté. (Voir *supra*, n°s 35 et s.)

Nous pensons que le propriétaire est bien fondé à réclamer le pouvoir de contrôler cette liberté dont l'exercice est susceptible de préjudicier à ses intérêts. Il peut prendre ses précautions pour que son locataire ne se substitue jamais un successeur insolvable ou indésirable. S'il habite lui-même l'immeuble, ou si des appartements bourgeois de très bonne tenue entourent le local commercial, il est en droit de se montrer plus exigeant sur la personnalité du cessionnaire éventuel et la façon dont il exercera son commerce.

Les arbitres devront apprécier, en tenant compte à la fois de la situation de fait et de la portée que la jurisprudence donne aux clauses restrictives du droit de céder, mais ils devront admettre que l'intérêt du propriétaire à ajouter, sur ce point, une clause qui n'existait pas dans l'ancien bail, peut être considéré comme un intérêt légitime.

386-2. *Jurisprudence.* — La Cour de Bordeaux (arrêt précité du 13 février 1928. D. H. 1928. 205) rejette l'insertion d'une clause nouvelle relative à l'interdiction de cession ou de sous-location sans le consentement écrit du bailleur, motif pris de ce qu'elle ne présente pas « plus d'intérêt qu'elle n'en devait présenter lorsque a été signé le bail précédent ».

Une décision du tribunal civil de la Seine (19 novembre 1927. Rev. Loyers 1928. 48) estime que l'article 9 de la loi ayant réglementé la cession du bail renouvelé, a donné au propriétaire des garanties suffisantes et qu'il n'y a pas lieu d'admettre une clause permettant de céder seulement, pour le même commerce, à une personne parfaitement solvable agréée par le propriétaire.

387-1. Clauses résolutoires. — Les clauses résolutoires sont destinées à sanctionner les différentes obligations prévues au bail. (Voir *supra*, n° 69).

Bien qu'en principe elles soient toujours sous-entendues dans tous les contrats (art. 1184 du Code civil), le propriétaire peut avoir un intérêt légitime à les faire insérer pour éviter des procès et faire jouer la résolution de plein droit.

La clause résolutoire basée sur le non-paiement du loyer, après une sommation ou un commandement resté infructueux, est devenue d'un usage courant et répond à une préoccupation tout à fait légitime.

Les clauses prévoyant la résiliation du bail par l'arrivée d'un événement déterminé ne font pas disparaître le droit à un renouvellement postérieur depuis que la loi du 22 avril 1927 a ajouté les alinéas 2 et 3 à l'article 2. Elles ont simplement pour effet de mettre fin au bail et de faire jouer la demande de renouvellement à une période anticipée. Comme le propriétaire conserve le droit d'opposer un refus à cette demande anticipée, soit pour un motif légitime, soit pour reprendre, soit pour une autre raison susceptible d'écarter toute indemnité, le résultat de ces clauses pourra être d'obliger le locataire à partir avant la fin du bail.

Elles peuvent en tous cas, si le renouvellement lui est accordé, empêcher le locataire d'obtenir un nouveau bail d'une durée égale à celle pour laquelle l'ancien contrat avait été consenti, la durée du bail nouveau se limitant à celle pendant laquelle l'ancien bail a couru. (Voir *supra*, n° 379-1.)

Si le bail précédent était assorti d'une clause de ce genre, la répétition de cette clause ne pourra pas être refusée au bailleur dont les engagements ne doivent pas être aggravés. Mais s'il n'en existait pas, les arbitres devront examiner avec beaucoup de soin le texte de la formule proposée avant de l'admettre.

387-2. *Jurisprudence.* — Une ordonnance du tribunal civil de la Seine (25 janvier 1928. Rev. Loyers 1928. 443) estime contraire à l'article 13 et nulle par conséquent, la faculté de résiliation donnée au bailleur, qui ne doit donc pas être insérée dans le bail nouveau. Une autre décision du même tribunal (8 mars 1928. D. H. 1928. 391) permet au propriétaire de se réserver le droit de démolir en cours du bail, même si cette clause n'était pas insérée dans le bail expiré.

La Cour de Grenoble (arrêt du 17 décembre 1927. Journ. Grenoble 1928.72) a jugé qu'une clause de résiliation en cas de vente, figurant dans l'ancien bail, devait être reproduite dans le bail nouveau.

388-1. Charges et impôts. *Jurisprudence.* — Le tribunal civil de la Seine a jugé …que tous les impôts, y compris l'impôt foncier pouvaient légitimement être réclamés au locataire, sauf à en tenir compte pour le prix (15 février 1928. Rev. Loyers 1928. 1. 442) (1) ; …que la clause relative aux impôts existant dans l'ancien bail peut être reproduite dans le nouveau (25 janv. 1928. Rev. Loyers 1928. 443).

CHAPITRE V

SENTENCE ARBITRALE.

396-1. Voies de recours. — Lorsque les arbitres se mettent d'accord, ils rédigent leurs conclusions communes sous la forme d'une sentence qui est une véritable décision judiciaire, conforme en tous points à celle que prévoit le Code de procédure civile dans les articles 1003 et suivants.

Le texte de la loi du 30 juin 1926 confirme bien ce caractère : l'article 3 § 10 donne pouvoir aux arbitres d' « *homologuer* » les conditions accessoires proposées par le propriétaire dans un intérêt légitime, et le même article, dans son alinéa 14, dispose que « *les parties dresseront le nouveau bail dans les conditions convenues et arbitrées , dans les quinze jours qui suivront la décision* ». Il s'agit bien d'une « décision » qui fixe les conditions « arbitrées ».

Aussi convient-il d'appliquer, dans tous les cas où la loi ne contient pas de dispositions spéciales, les textes qui régissent ordinairement l'arbitrage et qui sont contenus dans le Code de procédure civile.

397-1. Recevabilité de l'appel. — La plus importante application de ce principe est faite à propos du droit d'interjeter appel d'une sentence arbitrale.

Quelques arguments sérieux ont été avancés en faveur de la thèse de l'irrecevabilité de l'appel. Ils trouvent presque tous leur origine dans une conception particulière du rôle des arbitres.

1. Rappelons que la contribution foncière comprend trois parts allant respectivement à la commune, au département et à l'État. Cette dernière est proprement l'impôt cédulaire sur le revenu des immeubles ; elle a donc un caractère nettement personnel et doit en principe rester à la charge du propriétaire.

D'après cette thèse, les arbitres institués par la loi du 30 juin 1926 ne sont pas comparables à ceux dont parle le Code de procédure civile, car, à l'origine, il n'existe pas un compromis, c'est-à-dire un contrat par lequel les parties s'en remettent au jugement de deux arbitres choisis et acceptés par elles en parfait accord. En matière de renouvellement de bail, chaque partie impose à l'autre son arbitre. Cet arbitre n'est donc pas un juge, mais un mandataire, qui agit pour le compte de son mandant, et si les deux arbitres mandataires se mettent d'accord ils concluent entre eux un véritable contrat qui lie les parties. Leur avis commun n'est donc pas une décision, mais une convention qui s'impose au propriétaire et au locataire, convention que les tribunaux ne peuvent modifier.

Telle est la thèse invoquée par les partisans de l'irrecevabilité de l'appel de la sentence arbitrale.

Elle peut s'appuyer sur deux arguments tirés de la loi : d'abord son silence au sujet de la possibilité de l'appel de la sentence ; ensuite, le soin qu'elle prend de mettre, en cas de conciliation, les frais et honoraires de chaque arbitre à la charge de la partie qui l'a choisi.

Ces deux arguments ne peuvent être retenus.

Du silence de la loi, on ne peut conclure que le législateur a voulu interdire l'appel. Il est de règle que les textes incomplets doivent être interprétés avec le secours du droit commun. Or, le droit commun admet la possibilité de soumettre aux juges du second degré la sentence arbitrale.

Le paiement des frais et honoraires, prescrit par la loi, ne modifie pas la nature juridique du rôle des arbitres. Bien au contraire, il la confirme, car il est d'un usage courant et obligatoire qu'en matière d'arbitrage les parties supportent la rétribution due à leur arbitre.

397 2. Les arbitres ne sont pas des mandataires. — Ce règlement des frais et honoraires par les parties a conduit certains auteurs à considérer que les arbitres étaient des mandataires.

Dans l'arbitrage institué par le Code de procédure civile, certaines décisions ont admis que la mission confiée aux arbitres est une sorte de contrat de mandat, mais d'une nature tout à fait spéciale, puisque la mission des arbitres est de rendre la justice. Le caractère particulier de cette mission, qui exclut toute idée d'instructions à recevoir ou de compte à rendre, rend en tout cas absolument inapplicables les règles ordinaires du mandat.

La situation est exactement la même dans l'arbitrage institué par la loi du 30 juin 1926. Les arbitres sont désignés par les parties avec la mission, non pas de défendre leurs intérêts ou de plaider leur cause, mais de déterminer leurs droits. Si les arbitres sont d'accord, ils rendent une décision, sans se soucier de l'acceptation des intéressés, exactement comme le ferait le président en cas de désaccord des arbitres.

La conception de l'arbitre mandataire est au surplus incompatible avec le pouvoir donné au président de désigner d'office, à l'expiration du délai de quinzaine qui suit la tentative de conciliation, l'arbitre du plaideur négligent. (Voir *supra*, n° 348-1.)

397-3. Les arbitres ne sont pas amiables compositeurs. — L'article 1019 du Code de procédure civile s'exprime ainsi : « Les arbitres et tiers arbitres décideront d'après les règles du droit, à moins que le compromis ne leur donne pouvoir de prononcer comme amiables compositeurs. »

Il résulte de ce texte que lorsque les arbitres ont le rôle d'amiables compositeurs, ils peuvent statuer en équité, conformément à leur conscience, même en violant des dispositions législatives formelles. On en a tiré cette conclusion nécessaire que leur sentence ne pouvait pas être susceptible de recours devant des juridictions qui, elles, seraient obligées de s'incliner devant les règles du droit. Les arbitres amiables compositeurs statuent donc en dernier ressort. (Garsonnet, *Traité théorique et pratique de procédure*, 2ᵉ édition, t. 8, § 3082.)

Si la loi du 30 juin 1926 avait permis aux arbitres de statuer comme amiables compositeurs, il aurait fallu déclarer que leur sentence n'était pas susceptible d'appel.

Mais il n'en est pas ainsi. Cette mission ne pouvait leur être donnée que par un texte spécial. Ce texte n'existe pas. L'article 3, au contraire, précise sur certains points, en les enfermant dans des règles étroites, les prérogatives des arbitres : ils fixent le loyer au montant des offres des tiers (§ 6) qui, même si elles sont excessives « *imposent* » le nouveau loyer (§ 7) ; ils indiquent comme durée au bail nouveau celle du bail en cours (§ 9) ; en cas de désaccord, ils déposent au greffe chacun un rapport destiné au président du tribunal (§ 12). Ces prescriptions sont absolument incompatibles avec le rôle d'amiables compositeurs.

397-4. La sentence arbitrale est susceptible d'appel. — Nous avons vu que la thèse de la compétence en dernier ressort des arbitres est basée sur la conception que les arbitres sont des mandataires ordinaires des parties, et que leur rapport commun n'est qu'une convention. Cette opinion repose sur une base erronée.(Voir *supra*, n° 397-2).

Par ailleurs les arbitres ne sont pas non plus amiables compositeurs.

Dans ces conditions, la loi réserve à la juridiction d'appel le droit de contrôler l'application que font les arbitres des règles qu'elle édicte.

397-5. *Jurisprudence.* — La Cour de Nancy (3 décembre 1927, Gaz. Pal. 1928, 1, 146) a jugé que l'ordonnance d'exéquatur de la sentence arbitrale est susceptible d'appel.

La Cour de Paris (1re Chambre, 23 juillet 1928, arrêt Siméon contre Cagnion, D. P. 1928, 2e partie) a tranché la question en faveur du droit d'interjeter appel par un arrêt de principe, motivé dans les termes les plus précis. D'après cette décision, la procédure d'arbitrage instituée par la loi ne se suffit pas à elle-même et doit être complétée par le Code de procédure civile ; les arbitres ne sont pas amiables compositeurs, statuant seulement en équité, mais doivent suivre les règles fixées par la loi. L'arrêt note également que si la sentence arbitrale n'était pas susceptible d'appel, l'arbitrage aboutirait à une décision rendue en premier ressort ou en dernier ressort, suivant que les arbitres ne seraient pas ou seraient d'accord, et que d'autre part, pour que la sentence arbitrale ne fût pas susceptible d'appel, il aurait fallu un texte spécial, car le droit des parties, quant à l'appel, doit être fixé dès le début de l'arbitrage.

SOUS-TITRE III

Ordonnance du Président après l'arbitrage.

CHAPITRE PREMIER
PROCÉDURE.

CHAPITRE II
MISSION DU PRÉSIDENT.

402-1. Le président « superarbitre ». — Lorsque les arbitres ne se sont pas mis d'accord, ils déposent leur rapport, et le pouvoir qu'ils avaient de rendre une décision de justice, sous la forme d'une sentence arbitrale, disparaît du même coup.

S'ils étaient des arbitres ordinaires, uniquement régis par les articles 1003 et suivants du Code de Procédure civile, leur désaccord entraînerait la fin du compromis puisqu'ils n'ont pas pouvoir de prendre un tiers arbitre (art. 1012), et leur mission serait terminée.

Mais la loi du 30 juin 1926 leur donne un rôle nouveau : celui d'éclairer le président du tribunal dont la juridiction va se substituer à la leur. Ils doivent, à cet effet, déposer au greffe chacun un rapport où leur opinion personnelle est consignée, et se rendre à la convocation qui leur est adressée pour « *conférer* » de l'affaire avec le président.

Celui-ci statue dans une complète indépendance. Il n'est pas lié par les avis des arbitres. Il décide avec la plus entière liberté, sans autres règles que celles que la loi a établies, dans son article 3 en particulier, au sujet de la détermination du prix, de la durée et des conditions accessoires du nouveau bail. Dans la limite de ces règles, et sous la réserve du contrôle de la Cour d'appel, il apprécie souverainement en fait.

Si les arbitres se sont mis d'accord sur un certain nombre de points, le président peut fort bien juger différemment. Il doit reprendre l'affaire entièrement et statuer sur le tout.

Quelques décisions ont mis en relief ce caractère du rôle du président en le qualifiant de « superarbitre » (Cour de Paris, 1er février 1928, trois arrêts. Gaz. Pal. 1928. 1. 316).

402-2. *Jurisprudence.* — La Cour de Nancy (3 déc. 1927. Gaz. Pal. 1928. 1. 146) a jugé que lorsque les arbitres ont rendu une sentence ne statuant pas sur les conditions accessoires, le président doit compléter la sentence arbitrale par une ordonnance motivée.

Nous ne pensons pas que le président puisse intervenir lorsqu'une sentence arbitrale a été rendue. Sa juridiction fait double emploi avec celle des arbitres. Nous ne comprenons pas d'ailleurs comment le président a pu être saisi, sans dépôt préalable des rapports séparés des arbitres.

Il a été jugé (Trib. civ. Seine, Ordonnance 12 janvier 1928. D. H. 1928. 264) que le président peut examiner les offres des tiers non produites aux arbitres, car c'est à lui qu'il appartient, en définitive, de décider si les offres versées aux débats ont bien les caractères prescrits par la loi.

404-1. Frais. — Le président est chargé de statuer sur les frais et honoraires des arbitres, en vertu de l'article 3 § 11 qui dispose que ces frais et honoraires « *feront masse avec les autres frais pour être supportés ainsi qu'il sera décidé par le juge* ».

L'imprécision de l'expression finale de ce texte peut laisser penser qu'il appartient au juge de fixer les honoraires des arbitres dans l'ordonnance qu'il doit rendre.

Les considérations que nous avons exposées plus haut (Voir *supra*, nᵒˢ 348-1 et s.) et en particulier le fait que les arbitres, qui ne sont pas parties au procès, ne sauraient trouver un titre, pour ou contre eux, dans la décision judiciaire qui le termine, nous font estimer aujourd'hui que c'est le partage de la masse des frais qui doit être « *décidé par le juge* »; leur estimation échappe à sa compétence.

CHAPITRE III

VALEUR JURIDIQUE DE L'ORDONNANCE.

407-1. Voies de recours. — L'appel de l'ordonnance du président est expressément prévu par l'article 3 § 13 qui institue un délai spécial de quinze jours.

Les autres voies de recours sont évidemment ouvertes en l'absence d'un texte restrictif.

C'est ainsi que la tierce-opposition sera recevable, soit par action principale, soit par action incidente, conformément aux articles 474 et suivants du Code de procédure civile. Elle ne pourra être accueillie que très rarement, à cause du caractère particulier de l'ordonnance qui ne comporte ni condamnation, ni obligation de faire. Par conséquent, les droits des tiers ne subiront, en principe, aucun préjudice.

On peut cependant imaginer le cas du créancier inscrit sur le fonds de commerce qui estimerait que le nouveau loyer, fixé à une somme trop élevée, serait susceptible d'entraîner la faillite de son débiteur.

L'intervention en appel est également recevable dans les mêmes conditions, l'article 466 du Code de procédure civile ouvrant les deux voies de recours aux mêmes personnes.

407-2. *Jurisprudence.* — Un arrêt de la Cour de Lyon (24 nov. 1927. Gaz. Pal. 1928.1.25) déclare recevable en cause d'appel l'intervention du nouvel acquéreur de l'immeuble. (Voir également la note sous cet arrêt.)

SOUS-TITRE IV

Droit d'option des parties.

CHAPITRE PREMIER

DÉCISION DU LOCATAIRE.

411 1. Délai de quinzaine pour passer le bail nouveau ou y renoncer. — Le locataire doit, en vertu de l'article 3 § 14 signer le nouveau bail « *dans les quinze jours qui suivront la décision* » ou renoncer à sa demande de renouvellement.

La formule du texte est précise : le délai de quinzaine part de la décision.

Or, celle-ci est rendue par le président dans son cabinet et non en audience publique. Les parties n'en sont pas avisées.

Il y a plus : l'ordonnance est susceptible d'appel dans les quinze jours de sa signification (art. 3, § 13). Cette signification peut être postérieure de plusieurs semaines ou même de plusieurs mois à la date de l'ordonnance.

L'application littérale de la loi conduirait donc à décider que le locataire qui n'a pas signé, dans la quinzaine de l'ordonnance, le bail nouveau, est forclos et ne peut plus le réclamer, mais qu'il peut encore faire appel de l'ordonnance qui fixe les conditions de ce bail nouveau.

La Cour de cassation a l'habitude d'appliquer le texte des lois aussi rigoureusement que possible. Mais cette rigueur doit fléchir lorsque deux textes se contredisent. Il s'agit alors de les concilier en recherchant leur sens réel pour corriger l'erreur matérielle évidente commise par le législateur dans sa rédaction. (Voir sur ce point notes sous Cass. civ., 29 mars 1927. Gaz. Pal. 1927. 2. 5 et Trib. civ. Seine, 4 mars 1925. Gaz. Pal. 1925. 1. 745.)

Nous estimons donc que la Cour de cassation, animée du désir de rendre la loi applicable, prendra la liberté d'interpréter l'article 3 § 14 et de dire que le droit d'option du locataire court pendant un délai de quinzaine à partir du moment où la décision est devenue définitive.

411-2. *Jurisprudence.* — Le Tribunal civil de Cahors (8 juill. 1927, Rev. Loyers 1927.705) a appliqué littéralement la loi et prononcé la forclusion du locataire qui n'avait pas signé le bail au cours du délai de quinzaine partant du prononcé de l'ordonnance.

La Cour d'Agen (30 nov. 1927, Gaz. Pal. 1928. 1. 423) a infirmé ce jugement en décidant que le délai de quinzaine prescrit par la loi « part du jour où l'ordonnance du président est devenue définitive ». (Voir aussi note sous cet arrêt.)

<hr>

CHAPITRE II

DÉCISION DU PROPRIÉTAIRE.

<hr>

413-1. Refus postérieur à la tentative de conciliation. — Le propriétaire, qui a accepté en principe le renouvellement du bail lors de la tentative de conciliation, conserve la faculté de refuser par la suite, à n'importe quel stade de la procédure, et jusqu'au moment où il se serait engagé définitivement à signer le bail nouveau. La loi lui fait seulement l'obligation de notifier son refus par exploit d'huissier et d'indiquer dans cet exploit que le locataire dispose d'un délai de quinzaine pour assigner en indemnité d'éviction devant le tribunal (art. 4 § 2).

La loi sanctionne cette obligation par la nullité du refus. Cette sanction a été établie dans l'intérêt du locataire qui, mal informé de ses droits, aurait pu se laisser forclore pour assigner en indemnité. Il en résulte que, à la suite de la notification d'un refus nul, le locataire n'a pas à assigner en indemnité.

Mais la nullité du refus ne peut avoir pour conséquence d'obliger le propriétaire à signer le bail. Elle doit faire considérer le refus comme inexistant, et le propriétaire est, avant comme après, considéré comme acceptant toujours en principe le renouvellement. Il peut donc refuser plus tard.

Il pourrait même refuser sans jamais faire de notification puisque le locataire ne dispose d'aucun moyen pour le contraindre à signer le bail, et sa passivité prolongée constituerait un mode de refus préjudiciable au locataire qui ne pourrait assigner en indemnité.

Cette attitude ne se prolongerait cependant pas indéfiniment car l'article 3, § 14, donne aux parties un délai de quinze jours après la décision pour dresser le nouveau bail. Le locataire serait donc bien fondé à considérer que l'expiration de ce délai correspond à un refus et lui permet d'assigner.

La déclaration faite par le propriétaire devant les arbitres ou devant le président ne le dispenserait pas de la notification prévue dont le but est de faire courir le délai de quinzaine pendant lequel le locataire peut assigner, et de l'aviser en même temps que le délai commence à courir.

413-2 *Jurisprudence.* — Le Tribunal civil de la Seine (Ordonnance du 8 déc. 1927. Rev. Loyers 1928. 160) a jugé que le « propriétaire a jusqu'à sa comparution devant le président pour faire connaître d'une façon définitive quelle est sa véritable intention ».

Nous ne voyons pas pourquoi le propriétaire serait privé, après cette comparution, du droit d'option qui lui est formellement réservé par la loi, qui accorde d'ailleurs la même faculté au locataire.

SOUS-TITRE V

Caractères du nouveau bail.

CHAPITRE PREMIER

INCESSIBILITÉ.

417-1. Réglementation de la cession. — L'article 9 de la loi soumet la cession du « *droit au bail dont le renouvellement aura été obtenu* » à certaines conditions. C'est seulement la cession qui est visée par le texte qui, étant dérogatoire au droit commun, doit être interprété strictement. Il en résulte que la sous-location, par exemple, n'est pas soumise aux mêmes conditions. La mise en gérance du fonds de commerce, qui ne modifie pas la situation juridique du locataire, est *a fortiori* en dehors des cas visés par l'article 9. De même, si l'on admet que l'apport à une société ne constitue pas une cession (Voir *supra*, n° 55) cet apport échappe à l'article 9.

417-2. *Jurisprudence.* — Il a été jugé (Trib. civ. Seine, 8 mars 1928. D. H. 1928. 376) que le gérant n'étant pas un cessionnaire, l'article 9 ne s'appliquait pas à son cas. (Voir à propos l'apport du droit au bail: Trib. civ. Seine-Inférieure, 15 mai 1928. D. H. 1928. 426.)

418-1. Cas de motif légitime. *Jurisprudence.* — L'interdiction de céder prescrite par l'article 9 n'existe pas si le locataire apporte la justification d'un motif légitime. Le juge du fait l'appréciera souverainement en se basant sur le but de l'article 9 qui est d'éviter la spéculation.

La Cour de Paris (1er février 1928, 2me arrêt. Gaz. Pal. 1928. 1. 316) a jugé que lorsque la société locataire qui avait fait une demande de renouvellement a été dissoute et remplacée par une autre société, celle-ci, qui est une véritable filiale de la première, a un motif légitime de la continuer et d'obtenir la cession à son profit du bail renouvelé.

420-1. Point de départ du délai de trois ans. — L'article 9 dispose que le bail nouveau ne pourra être cédé *« que par les locataires ayant personnellement exercé, pendant trois ans au moins, le commerce dans l'immeuble loué »*.

Ce texte s'attache à la durée de l'exploitation réalisée par le cédant sans préciser si cette durée doit se placer au cours de l'ancien bail ou du bail nouveau. Nous avons vu (Voir *supra*, nos 420 et s.) que le Sénat a formellement exprimé son désir, en introduisant l'article 9 dans la loi, de compter les trois années d'incessibilité uniquement dans le bail nouveau. La Chambre avait d'abord rejeté le texte proposé par la Commission du Commerce, motif pris de ce que « la société a le plus grand intérêt à la rapide circulation des biens et à la multiplication des échanges ». (Rapport de M. Puech, 29 janvier 1925, examen des articles, art. 9.) Le Sénat l'ayant rétabli, les deux Commissions de la Chambre, puis la Chambre elle-même, l'acceptèrent sans aucune discussion, ce qui laisse évidemment supposer que le vœu du Parlement correspond au but poursuivi par le Sénat, et que, dans l'intention du législateur, l'article 9 oblige le locataire à exploiter par lui-même le fonds de commerce pendant les trois premières années du bail renouvelé.

Le conflit est donc certain entre l'esprit et la lettre du texte. (Voir sur ce point, article de Me Archevêque, Rev. Loyers 1928. 145.)

Il appartiendra à la jurisprudence de le trancher, mais nous pensons que la Cour de cassation ne trouvera aucune raison grave pour abandonner la règle d'interprétation littérale du texte qu'elle suit ordinairement. (Voir sur ce dernier point : Cass. civ. 29 mars 1927. Gaz. Pal. 1927. 2. 5 et la note).

TITRE III

Cas de refus du propriétaire.

SOUS-TITRE PREMIER

Formalités.

CHAPITRE PREMIER

DÉLAIS.

§ I. — Cas général.

433-1. Refus postérieur à la tentative de conciliation. — Le propriétaire peut refuser après la tentative de conciliation. Lorsqu'il accepte d'aller devant arbitres, il ne consent qu'en principe au renouvellement du bail et conserve sa liberté de décision. L'expression « en principe », qui figure dans les procès-verbaux de renvoi devant arbitres, est essentielle. Elle seule permet au bailleur d'opposer un refus ultérieur, pour le cas où le prix arbitré lui paraîtrait insuffisant ou pour toute autre cause.

La loi vise expressément le cas de refus postérieur à la tentative de conciliation, en spécifiant dans l'article 4, § 2, que « *l'assignation devra être signifiée dans la quinzaine du procès-verbal de non-conciliation ou de la notification, intervenue postérieurement, du refus de renouvellement aux conditions déterminées par application des articles 2 et 3 de la loi...* »

Le texte envisage donc un refus après les opérations d'arbitrage.

Il ne semble pas qu'il y ait lieu de limiter dans le temps l'époque du refus. Le texte ne distingue pas. Il est donc possible de refuser, non seulement lorsque l'affaire revient devant le magistrat conciliateur, en cas de désaccord des arbitres, mais encore lorsque la juridiction d'appel aura statué, si elle est saisie du débat. Il en est de même si les arbitres se mettent d'accord sur les conditions du nouveau bail. Cela est, du reste, conforme à l'esprit de la loi qui a voulu laisser aux parties, jusqu'au dernier moment, la faculté de se rétracter.

433-2. *Jurisprudence.* — Une ordonnance rendue au Tribunal civil de la Seine, le 8 décembre 1927 (Rev. Loyers 1928, 160) a jugé que le propriétaire pouvait, après l'arbitrage, lors de sa comparution devant le président, refuser le renouvellement du bail.

§ 11. — *Droit de reprise.*

434-1. Nécessité d'une signification avant la tentative de conciliation. — Lorsque le propriétaire veut opposer son droit de reprise, pour une des raisons visées à l'article 5 de la loi (habitation, exploitation commerciale, démolition pour reconstruire), il ne doit pas attendre la tentative de conciliation.

La loi l'oblige à faire une notification extra-judiciaire, dans le délai de deux mois à partir de la demande formée par le locataire.

434-2. Quid de la possibilité de devancer la demande de renouvellement ? — Le propriétaire peut-il, sans attendre la demande du locataire, lui opposer son droit de reprise ? Il ne le semble pas.

La loi a posé certains délais ; elle exige que la notification de reprise soit faite dans les deux mois de la demande de renouvellement. Il n'en serait pas ainsi si le propriétaire pouvait devancer son locataire.

Sans doute, la loi n'écarte pas expressément une notification de reprise antérieure au délai qu'elle fixe, mais son silence n'est pas suffisant pour l'admettre. Dès l'instant qu'un acte doit être accompli pendant un certain temps, il faut admettre qu'il demeure sans effet aussi bien s'il est accompli avant le point de départ de ce délai que s'il l'est après son expiration.

Une demande de renouvellement formée avant le délai légal ne serait certainement pas valable. Il doit en être de même d'une notification de reprise antérieure à la demande de renouvellement.

434-3. *Jurisprudence.* — La jurisprudence consacre l'opinion inverse. Un arrêt de la Cour de Douai (24 mars 1927, Rec. Douai 1927, 105) a admis que le refus notifié avant la demande de renouvellement était valable. La Cour de Dijon (arrêt du 24 janvier 1928, D. H. 1928, 157) a précisé que cette notification devait être postérieure à la loi du 30 juin 1926. En ce sens également : Trib. civ. du Havre, 22 octobre 1927 (Gaz. Pal. 1927. 2. 800).

434-4. Sanction de l'inobservation du délai légal. — Le délai de deux mois est-il prévu à peine d'irrecevabilité du droit de reprise ? Le propriétaire, faute de l'avoir observé, ne pourrait-il plus l'exercer et serait-il contraint, pour s'opposer au renouvellement sollicité, de se prévaloir d'autres moyens ou de payer une indemnité d'éviction ?

Nous le pensons. La loi ne prévoit pas de sanction, mais d'une manière générale, lorsqu'un délai est fixé pour l'exercice d'un droit, il a pour sanction la déchéance du droit.

Dans ces conditions, si le propriétaire n'a pas observé le délai de deux mois, il est déchu du bénéfice du droit de reprise.

434-5. *Jurisprudence.* — Les tribunaux se sont presque tous ralliés à cette solution. En ce sens : Trib. civ. Melun, 14 juin 1927 (Gaz. Pal. 1927. 1. 571) ; Trib. civ. Seine, 15 juillet 1927 (Rev. Loyers 1927. 562) ; Tribunal civil Caen, 26 octobre 1927 (Semaine juridique, 1928. 268) ; Trib. civ. Rhône, 7 décembre 1927 (D. H. 1928. 147) ; Trib. civ. Seine, 30 décembre 1927 (Rev. Loyers 1928. 170). Trib. civ. Seine, 3 février 1928 (Rev. Loyers 1928. 610).

Citons en sens contraire un arrêt de la Cour de Douai du 29 mars 1928 (Juris. Douai, mai 1928) et un jugement du Tribunal civil de la Seine du 26 mars 1928 (Rev. Loyers 1928. 612), rendu à propos du droit de reprise pour démolir et reconstruire.

434-6. La déchéance du droit peut-elle être couverte ? — La forme des actes ne se confond pas avec les délais dans lesquels ils doivent être accomplis. L'inobservation des formes est une cause de nullité, susceptible d'être couverte, conformément à l'article 173 du Code de procédure civile ; la violation des délais constitue une déchéance qui peut être opposée en tout état de cause (Garsonnet, et César Bru, *Traité de procédure*, 3º éd., t. II, nº 65 ; Répertoire Pratique Dalloz, *Exception et fins de non-recevoir*, nº 294).

Comme l'inobservation du délai de deux mois prescrit pour la notification de reprise entraîne une déchéance, le silence du locataire, lors de la tentative de conciliation, ne portera aucune atteinte à ses droits.

De même, une assignation discutant le fond même du droit de reprise invoqué par le propriétaire ne priverait pas le locataire du droit de se prévaloir d'une notification faite en dehors des délais légaux. (Voir en ce sens Trib. civ. Seine, 3 février 1928. Rev. Loyers 1928. 610).

434-7. Le juge peut-il soulever d'office la déchéance ? — La réponse à cette question dépend du caractère du délai imparti par la loi. S'il est d'ordre public, le juge doit soulever d'office la déchéance qui résulte de sa violation ; s'il est d'ordre privé, il ne peut faire valoir un moyen que l'intéressé lui-même n'invoque pas.

Il ne semble pas que le délai de la notification de reprise soit d'ordre public.

Il est édicté avant tout en faveur du locataire, pour lui permettre de connaître en temps utile les intentions du propriétaire et de déterminer sa ligne de conduite. Lui seul est directement intéressé à son observation et l'intérêt général ne subirait aucun dommage s'il était transgressé. Le juge ne pourrait donc le soulever d'office.

434-8. La loi du 22 avril 1927 a-t-elle un effet rétroactif ? — Avant la loi du 22 avril 1927, la notification de reprise devait être faite dans un délai de trois mois à partir de la demande de renouvellement. La loi du 22 avril 1927 a réduit ce délai à deux mois.

Cette réduction produit-elle un effet rétroactif qui vicierait les notifications régulièrement faites sous l'ancien délai ?

Nous ne le pensons pas. La loi du 22 avril 1927 est, il est vrai, dans son ensemble, interprétative, donc rétroactive, mais la substitution d'un délai plus court à un délai existant ne présente pas ce caractère. Elle constitue une véritable modification, n'ayant d'effet que pour l'avenir. Du reste, l'article 9 de la loi du 22 avril 1927 qui a opéré ce changement de délai, débute ainsi : « *Le cinquième et le sixième paragraphes de l'article 5 de la loi du 30 juin 1926 sont modifiés ainsi qu'il suit...* » Il ne s'agit donc pas de rétroactivité.

434-9. *Jurisprudence.* — Le tribunal civil de la Seine-Inférieure (Section de Rouen) a jugé, le 4 juillet 1927, que la loi du 22 avril 1927 ne saurait nuire au droit acquis du propriétaire à un délai de trois mois, quand la demande de renouvellement était antérieure à cette loi (D. H. 1927. 535).

CHAPITRE II

FORMES DU REFUS.

436 1. Sanction de l'inobservation des formes. — Dans le cas d'une notification de refus postérieure au procès-verbal de non-conciliation, l'article 4 § 2 de la loi prévoit que l'acte extra-judiciaire devra « *à peine de nullité* » mentionner le délai de quinzaine dans lequel l'assignation devra être délivrée.

En dehors de ce cas précis, la loi elle-même n'attache aucune sanction à la forme extra-judiciaire de la notification du refus.

Nous pensons néanmoins qu'une lettre recommandée du bailleur, même avec accusé de réception, serait inopérante pour l'exercice du droit de reprise. Il convient, en effet, d'observer que, dans certaines de ses dispositions, la loi assimile la lettre recommandée à l'exploit d'huissier. Au contraire, la forme extra-judiciaire est seule prescrite lorsque le refus est fondé sur le droit de reprise ou lorsqu'il se manifeste après la tentative de conciliation.

Si le législateur n'avait pas voulu imposer au propriétaire le ministère d'un huissier, il n'aurait rien dit, laissant ainsi aux parties leur liberté ou leur aurait donné le choix entre la lettre recommandée et l'acte extra-judiciaire. En ne visant que ce dernier, il a exclu les autres modes de procéder.

L'on peut objecter qu'aux termes de l'article 1030 du Code de procédure civile « aucun exploit ou acte de procédure ne pourra être déclaré nul, si la nullité n'en est pas formellement prononcée par la loi ».

Cette objection n'est qu'apparente, car il suffit d'observer que l'article 1030 du Code de procédure civile est absolument étranger à notre discussion. Il ne s'agit pas de savoir si la notification de refus par acte extra-judiciaire peut être déclarée nulle, mais de rechercher si pour l'exercice du droit de reprise, la lettre recommandée est valable. L'article 1030 ne saurait donc recevoir aucune application. Il n'écarte pas l'obligation pour le propriétaire de respecter la forme prescrite par le législateur. Or, cette obligation serait dépourvue de sanction, si l'on n'admettait pas la nullité d'une notification faite par lettre recommandée.

436 2. *Jurisprudence.* — Les tribunaux n'ont eu à examiner

que le cas de reprise et, en majorité, ils ont admis que le propriétaire
ne pouvait remplacer l'acte extra-judiciaire, prévu à l'article 5,
par une lettre recommandée, même avec accusé de réception. En
ce sens, citons : Trib. civ. Melun, 14 juin 1927 (D. H. 1927, 475) ;
Trib. civ. Le Havre, 22 octobre 1927 (Gaz. Pal. 1927, 2, 800) ; Cour
de Limoges, 6 mars 1928 (Rec. des Sommaires, 1928, n° 1545).

Le Tribunal civil de la Seine, par jugement du 2 décembre 1927
(Gaz. Pal. 1928, 1, 110) a adopté la solution inverse. Il a déclaré
« que malgré les termes impératifs de ce texte (alinéa 5 de l'article 5),
aucune déchéance n'est prévue en cas d'inobservation de ses prescriptions ; que le législateur s'est beaucoup plus attaché au délai
dans lequel le propriétaire doit manifester sa volonté qu'à la forme
dans laquelle peut se produire cette manifestation ; qu'en effet,
au cours des travaux préparatoires la discussion a porté uniquement
sur les délais de préavis qui, de 5 et 3 ans, ont été réduits à 6 et à
3 mois ».

L'absence de discussion sur la forme ne prouve qu'une chose :
c'est que tout le monde a été d'accord pour exiger l'exploit d'huissier ; elle ne démontre nullement que la forme soit moins importante
que le délai, et nous pensons, avec le Tribunal civil du Havre (décision précitée) « qu'on ne saurait séparer le délai imparti au propriétaire pour manifester sa volonté de la forme même de cette manifestation et déclarer que l'inobservation du délai est une cause de
déchéance, alors que celle de la forme serait sans effet ».

436-3. Caractère relatif de la nullité. — La nullité d'une notification faite par lettre recommandée est-elle d'ordre public ou d'ordre privé ?

Toutes les dispositions de la loi du 30 juin 1926 ne sont pas d'ordre
public et il serait bien rigoureux d'attacher ce caractère à la forme de
la notification du refus.

L'intérêt général n'exige pas que la notification irrégulière ne
produise jamais le moindre effet ; l'intérêt du locataire est avant
tout en jeu. La nullité paraît n'être que relative.

D'une façon générale, les actes de procédure ne sont atteints
d'une nullité relative que s'ils ne sont pas valables en la forme ; au
contraire, les nullités intrinsèques ou de fond, qui tiennent au défaut d'intérêt, de qualité ou de capacité sont d'ordre public. (Voir
Nouveau Code de proc. civ. annoté Dalloz, art. 173, n°s 45 et 79.)

Ce critérium n'est sans doute pas directement applicable à notre
discussion, car une notification par lettre recommandée n'est ni un
exploit, ni un acte de procédure, seuls visés par l'article 173 du Code

de procédure. Par analogie, il semble néanmoins possible d'en faire état et de n'attacher que la sanction d'une nullité simplement relative à la notification irrégulière.

436-4. Quand est-elle couverte ? — L'article 173 du Code de procédure civile, aux termes duquel « toute nullité d'exploit ou d'acte de procédure est couverte, si elle n'est proposée avant toute défense ou exception autre que les exceptions d'incompétence », n'est pas applicable, car la notification irrégulière de reprise n'est pas rangée au nombre des exploits ou actes de procédure prévus à cette disposition. C'est ce qui a été jugé par exemple, pour les actes respectueux à notifier dans certains cas de mariage. (Voir *Nouveau Code de proc. civ.* annoté Dalloz, art. 173, n° 64.)

Néanmoins, comme nous avons admis le caractère relatif de l'irrégularité, il faut en déduire que le locataire peut renoncer à s'en prévaloir.

Cette renonciation sera tacite ou expresse. Elle résultera de tous les écrits qui impliqueront nécessairement la volonté d'accepter la forme de la notification de refus et de ne pas en contester la validité.

Le silence du locataire à la tentative de conciliation est insuffisant à cet égard. En général, il opposera ses protestations et réserves à la demande de reprise dont il est l'objet et ses déclarations générales sauvegarderont ses droits et moyens. Il n'en serait autrement que si le procès-verbal contenait des déclarations précises supposant l'acceptation de la notification dans la forme qui lui a été donnée.

436-5. *Jurisprudence.* — Un arrêt de la 1re Chambre de la Cour de Paris, du 16 juin 1928 (non encore publié) rendu dans une affaire Collet c/ Ladame, a jugé que l'irrégularité d'un préavis de reprise ne pouvait être invoquée lorsque le locataire, dans son assignation, s'est uniquement basé sur les termes mêmes de ce préavis, pour motiver sa demande en indemnité et a ainsi « implicitement accepté la forme de ce préavis et renoncé d'une façon non équivoque, à en contester la validité ».

437-1. Contenu de la notification de reprise. — La loi ne fixe pas le contenu de la notification qu'elle impose au propriétaire, mais il faut que la manifestation de volonté soit assez claire pour qu'il n'y ait pas de doute sur le droit exercé. Il ne suffirait pas que le propriétaire déclare purement et simplement qu'il s'oppose à la demande en renouvellement. Le droit de reprise doit être nécessairement visé.

La loi, par contre, ne l'oblige pas à préciser le but du droit de reprise qu'il invoque. Il n'est pas tenu de dire s'il reprend pour son habitation personnelle, pour une exploitation commerciale ou pour démolir et reconstruire. Il a le choix jusqu'au moment des plaidoiries, mais alors il doit préciser ses intentions, car les effets juridiques ne sont pas les mêmes dans tous les cas.

437-2. Cas d'une notification précisant l'objet du droit de reprise. — Cette faculté de choisir, semble-t-il, devrait être refusée au propriétaire lorsque lui-même a énoncé expressément dans l'acte le but qu'il se proposait en reprenant les locaux.

S'il a, par exemple, déclaré reprendre pour les besoins de son commerce, peut-il ensuite, sans notification nouvelle, se prévaloir de son droit de reprise pour démolir et reconstruire ? Nous ne le croyons pas, à moins qu'il ne se soit expressément réservé, dans la première notification, la possibilité de changer de projet et qu'il ait notifié le changement de motif dans le délai fixé par la loi. En limitant lui-même son droit à une seule des modalités envisagées par la loi, le propriétaire a cristallisé, en quelque sorte, la situation respective des parties. Il ne pourrait pas la modifier par une déclaration faite devant le magistrat conciliateur et qui ne remplirait pas les conditions légales de formes et de délais.

Il lui appartenait d'employer une formule générale lui permettant d'attendre pour se décider. Mais il paraît difficile, par exemple, de considérer comme une notification suffisante pour l'exercice du droit de reprise en vue de la démolition pour reconstruire, un exploit invoquant d'une façon précise la reprise en vue d'une exploitation commerciale ou industrielle, les deux droits de reprise entraînant pour le locataire des situations juridiques différentes.

SOUS-TITRE II

Causes de refus.

CHAPITRE PREMIER

DROIT DE REPRISE.

SECTION I. — Généralités.

448-1. Exclusion du locataire principal. — Les travaux préparatoires de la loi du 27 mars 1928 ont confirmé l'opinion qui avait déjà été soutenue au cours de l'élaboration de la loi du 30 juin 1926, à savoir que le locataire principal ne bénéficiait pas du droit de reprise.

Au Sénat, à la séance du 1er mars 1928 (*J. O.*, p. 386) M. Lugol proposa l'article additionnel suivant : « Le principal locataire ne peut, en aucun cas, exercer le droit de reprise accordé au propriétaire ». Le rapporteur ayant expliqué que le droit de reprise était l'apanage du droit de propriété, et qu'il n'y avait besoin d'aucune disposition spéciale sur ce point, la proposition de M. Lugol fut retirée.

448-2. *Jurisprudence.* — La jurisprudence, en majorité, a refusé au locataire principal l'exercice du droit de reprise. Citons en ce sens : Cour de Montpellier, 19 déc. 1927 (Mon. Jud. Midi, 15 janvier 1928) ; Cour de Lyon, 30 nov. 1927 (D. H. 1928. 110) ; Trib. civ. de Lyon, 18 janv. 1928 (D. H. 1928. 193) ; Cour de Paris, 17 mars 1928 (motifs, Gaz. Pal. 1928. 1. 653).

Signalons toutefois une décision en sens contraire du Tribunal civil de Nantes du 21 déc. 1927 (Gaz. Pal. 1928. 1. 653, sous-note *c*), motifs pris de ce que le locataire principal jouait vis-à-vis du sous-locataire le même rôle qu'un bailleur vis-à-vis de son locataire.

452-1. Action commune de tous les co-propriétaires. — Le droit de reprise étant la conséquence du droit de propriété, il ne semble pas que l'un des co-propriétaires puisse s'en prévaloir seul, sans le concours des autres co-propriétaires. Du reste, le droit de reprise peut créer en faveur de celui qui l'exerce une situation plus avantageuse susceptible de nuire aux autres co-intéressés.

Il est évidemment impossible que l'un des co-propriétaires reprenne l'immeuble pour le démolir et le reconstruire. On ne voit pas davantage pour quelle raison il pourrait seul l'exploiter, sans l'assentiment des autres propriétaires.

L'action par sa nature est indivisible ; si l'un d'eux agissait seul et en son seul nom, sa demande serait irrecevable.

452-2. *Jurisprudence.* — Le Tribunal civil de la Seine, dans les motifs d'un jugement rendu le 16 décembre 1927, (Rev. Loyers 1928. 132) paraît exiger le concours de tous les co-propriétaires. (Voir également Trib. civ. Seine, 19 juillet 1928, Gaz. Pal. 1928, 2377).

(Pour la forme et les délais de la notification de reprise, voir *supra*, nos 436, 436-1 et s., et nos 434, 434-1 et s.)

453-1. Cas du propriétaire vendeur du fonds de commerce. — Le vendeur d'un fonds de commerce est tenu d'une obligation de garantie. Lorsqu'il est en même temps le propriétaire des locaux, dans lesquels s'exploite le fonds, peut-il, à l'expiration du bail qu'il a consenti, exercer son droit de reprise comme tout propriétaire ordinaire ?

Cela est certain. L'obligation de garantie ne peut impliquer une renonciation au droit de reprise, à moins de clause spéciale insérée dans l'acte de vente du fonds. Il semble toutefois qu'elle est de nature à empêcher le propriétaire d'exercer le même commerce que l'acquéreur de son fonds. Dans ce cas, l'indemnité d'enrichissement pourrait jouer, par application de la loi du 30 juin 1926, mais l'on peut soutenir que le locataire trouverait dans son contrat d'acquisition, en dehors de tout texte légal, le droit d'obtenir la réparation de tout le préjudice subi, sans se contenter de limiter son dommage à l'enrichissement du propriétaire.

453-2. *Jurisprudence.* — Il a été jugé... que le tribunal qui a à statuer sur le refus de renouvellement de la location et l'exercice du droit de reprise ne peut, dans la matière exceptionnelle soumise à son appréciation, examiner si du fait de la cession du fonds de commerce qui avait été consentie par le bailleur au locataire, le cédant devait ou non garantie au cessionnaire de la jouissance de l'ensemble des locaux, et qu'il appartient au locataire évincé d'engager une instance distincte sur ce point s'il le juge opportun (Trib. civ. Hérault, 17 mai 1927. Mon. Jud. Midi, 15 novembre 1927) ; ...que pour faire échec au droit de reprise, le locataire ne saurait exciper de ce fait que le propriétaire actuel lui aurait cédé le fonds de commerce qu'il exploitait dans l'immeuble dont il est devenu plus tard le propriétaire, ainsi que le droit au bail, et que le vendeur devrait garantie à son acheteur, ce qui comporterait l'obligation de continuer le bail (Trib. civ. Hérault, 3 février 1928. Mon. Jud. Midi, 1er avril 1928) ...que la reprise des locaux par le propriétaire cédant du fonds de commerce à l'expiration du bail ne peut être considérée comme une éviction du fonds et que le propriétaire ne pourrait être tenu à garantie que s'il reprenait, dans les locaux récupérés, son ancienne profession ou une profession similaire (Trib. civ. Hautes-Alpes, 30 mai 1928. D. H. 1928. 393).

SECTION II. — Reprise en vue de l'habitation.

456-1. Impossibilité d'une reprise partielle. — Souvent un bail commercial comprend, à titre accessoire, des locaux d'habitation. Est-il possible que le propriétaire limite à ces derniers son droit de reprise ? Nous ne le croyons pas. L'ensemble des locaux est indivisible, quoique leur destination ne soit pas unique. Le renouvellement s'applique à la totalité et le propriétaire ne peut arbitrairement séparer les lieux. Ceux qui servent à l'habitation constituent une dépendance du fonds dont ils facilitent l'exploitation. Ce caractère serait insuffisant pour leur assurer la protection de la loi s'ils faisaient l'objet d'un contrat de location distinct. Mais en présence d'un seul bail il paraît juste d'écarter le droit de reprise partiel. La solution serait différente en présence de plusieurs baux, à moins que l'intention des parties n'ait été de les grouper en un tout indivisible.

456-2. *Jurisprudence.* — Le Tribunal civil de la Côte-d'Or (Section de Dijon), le 29 juillet 1927 (Rec. Dijon, 1927. 4. 179), a refusé au propriétaire le droit de reprise à l'encontre des locaux d'habitation qui faisaient l'objet d'un contrat unique avec des locaux dans lesquels était exploité un fonds de commerce et dont il constituaient une dépendance. Le Tribunal civil des Hautes-Alpes, le 30 mai 1928 (D. H. 1928. 393), a jugé que les locaux d'habitation annexés à des locaux commerciaux, même quand ils ont été loués postérieurement, ne peuvent faire l'objet d'une demande de prorogation en vertu de la loi du 1er avril 1926 pour s'opposer au droit de reprise du propriétaire sur l'ensemble des lieux loués.

458-1. Cas des étrangers. — Depuis la loi du 22 avril 1927 qui a modifié l'article 19 de la loi du 30 juin 1926, tous les étrangers sont exclus du bénéfice de la loi, à moins « *qu'ils ne soient dans l'un des cas prévus par les alinéas* 1, 3 *et* 4 *du* § 5 *de l'article* 8 *du Code civil, ou qu'ils n'aient combattu dans les armées alliées, ou qu'ils n'aient des enfants ayant la qualité de Français* ».

De même, le droit de reprise est refusé aux étrangers par le paragraphe 2 de l'article 19 « *à moins qu'ils ne se trouvent dans les conditions prévues* in fine *au précédent paragraphe* ».

Il semblait logique de ne pas interpréter trop strictement cette dernière phrase et d'accorder le droit de reprise, non seulement à ceux qui avaient des enfants français, mais encore à ceux ayant combattu dans les armées alliées ou se trouvant dans les cas prévus aux alinéas 1, 3 et 4 du § 5 de l'article 8 du Code civil.

458-2. *Jurisprudence*. — Cette solution a été consacrée par un jugement du Tribunal civil de la Seine, rendu le 2 décembre 1927 (Rev. Loyers 1928. 176), à propos d'un étranger admis à domicile.

Notons que l'admission à domicile a été supprimée par la loi du 10 août 1927 (D. P. 1928. 4. 1). (Voir *supra*, nº 276-1).

458-3. Effet de la loi du 22 avril 1927 sur les demandes de reprise antérieurement formées par les étrangers. — Nous avions émis l'opinion (Voir *supra*, nº 270) que la loi du 22 avril 1927 ne permettait plus à un étranger de suivre sur la demande de reprise qu'il avait introduite avant la promulgation de cette loi, alors qu'il en avait le droit, sous l'empire de la loi du 30 juin 1926.

458-4. *Jurisprudence*. — Le Tribunal civil de l'Hérault (section de Montpellier), par jugement du 16 décembre 1927 (D. H. 1928. 174) a consacré l'opinion contraire, en considérant que la loi du 22 avril 1927 n'avait pu dépouiller un étranger d'un droit qu'il avait régulièrement exercé avant sa promulgation.

459-1. Personnes morales. Sociétés. — Le droit de reprise peut être exercé aux termes de l'article 5 § 1, soit pour l'occupation personnelle des lieux, soit pour reconstruire l'immeuble.

L'occupation personnelle comprend à la fois l'habitation et l'exploitation commerciale.

Une société, personne morale distincte des membres qui la composent, peut-elle reprendre en vue de l'habitation ? Certainement non, car si la société peut exploiter par elle-même les lieux repris, il lui est impossible de les habiter personnellement.

Cette condition, qu'exige le texte, ne serait pas remplie si la société reprenait pour assurer le logement de ses ouvriers, de ses employés ou même de ses directeurs. Dans ces hypothèses, il n'y a pas habitation personnelle par la société, personne morale.

459-2. *Jurisprudence.* — Le Tribunal civil du Havre, par jugement du 18 février 1927 (Gaz. Trib., 30 sept. 1927) a décidé que la reprise par une société, en vue d'y loger du personnel, entraînait le droit à indemnité. Le Tribunal civil de la Seine-Inférieure a statué dans le même sens, par jugement du 11 juillet 1927 (D. H. 1927. 551).

Le Tribunal civil de la Seine a également jugé, le 27 février 1928 (Rev. Loyers 1928.447) qu'une société commerciale, étant une entité juridique, ne pouvait être réputée reprendre des locaux qu'en vue des besoins de son commerce.

De même, le Tribunal civil de la Savoie, par jugement du 29 juillet 1927 (Gaz. com. Lyon, 11 janv. 1928), déclarait qu'une société pouvait exercer, au même titre que les particuliers, le droit de reprise, mais que le fait de reprendre un local pour l'utiliser comme maison ouvrière réservée au personnel de l'usine ne pouvait être considéré que comme une reprise à caractère commercial.

462-1. Caractère absolu du droit de reprise pour habiter. — Le droit de reprise, lorsqu'il est exercé en vue de l'habitation, est absolu. Il n'est subordonné à aucune condition. (Voir *supra*, n° 463 et *infra*, n° 463-1.)

Il n'y a pas à tenir compte de la date de l'acquisition de l'immeuble, ni à rechercher si l'intention d'habiter dans les lieux existait à l'époque de leur acquisition.

Peu importe que le propriétaire soit déjà logé ou qu'il soit en mesure d'habiter un autre immeuble. La loi n'exige de lui aucune justification ; elle se contente de ses déclarations et réserve simplement les droits des commerçants évincés pour le cas où le propriétaire ne se conformerait pas à ses déclarations. (Voir *infra*, n° 463-1.)

462-2. *Jurisprudence.* — Le Tribunal civil de la Seine, par décision du 21 juillet 1927 (Gaz. Trib., 30 août 1927), a admis le caractère absolu du droit de reprise pour habiter. La Cour de Caen, par un arrêt du 27 juillet 1927 (Gaz. Pal. 1927. 2. 663), a déclaré qu'il importait peu de rechercher si le propriétaire exerçait le même commerce que le locataire évincé, dès l'instant que les lieux n'étaient pas destinés à une exploitation commerciale, mais seulement à l'habitation.

Le Tribunal civil de Poitiers, par jugement du 29 novembre 1926 (Rec. Sirey, 1927. 2. 40) a voulu restreindre l'exercice du droit de reprise pour l'habitation et ne l'admettre qu'en cas de nécessité, ce qui est contraire à la loi.

463-1. Fraude. — L'on estime, en général, que la fraude ne peut être que postérieure au départ du locataire et qu'elle est, auparavant, subordonnée à des évènements incertains. Il est pourtant quelquefois possible qu'elle soit actuelle. La preuve de la fraude appartient à celui qui l'invoque, c'est-à-dire au locataire. Elle sera difficile à établir, mais, pour y parvenir, tous les moyens sont autorisés.

La fraude sera généralement future. Elle se présentera lorsque le propriétaire ne se sera pas conformé aux déclarations qu'il aura faites, le cas fortuit et la force majeure étant réservés. Les tribunaux peuvent la prévoir et la sanctionner par avance, par le jeu de l'indemnité éventuelle.

463-2. *Jurisprudence.* — La Cour de Grenoble, par un arrêt du 1er juin 1926 (Rec. des Sommaires, 1927, nº 3204), a jugé qu'il incombait au locataire d'établir la fraude et que celle-ci ne pouvait, du reste, résulter de l'insuffisance des motifs donnés par le propriétaire.

Le Tribunal civil de la Seine, par jugement du 16 décembre 1927 (Rev. Loyers 1928. 131), a déclaré que l'intention frauduleuse du propriétaire ne pouvait être appréciée que dans l'avenir et le Tribunal civil de Bourg, par décision du 10 juin 1927 (La Loi du 23 novembre 1927) a jugé que l'indemnité éventuelle d'éviction ne pouvait être perçue par le locataire que si le bailleur ne respectait pas ses engagements. En ce sens également : Cour de Dijon, 21 janvier 1928 (Rec. Dijon, 1928, nº 79).

SECTION III. — Reprise en vue d'une affectation commerciale.

§ I. — *Agrandissement du commerce ou fondation d'une succursale.*

471-1. Conditions requises pour le payement d'une indemnité. — Quatre conditions sont requises pour que la reprise en vue de l'agrandissement des locaux où le propriétaire exerce son commerce entraîne, au profit du commerçant évincé, le payement d'une indemnité.

1º Il faut que l'immeuble ait été acquis à titre onéreux ;

2º Il faut que le propriétaire soit déjà un commerçant établi ;

3º Il faut qu'il y ait un agrandissement effectif des locaux commerciaux (question du transfert, voir *infra*, nº 477-1).

4º Il faut que l'intention d'agrandir existe à l'époque de l'acquisition.

Les deux premières conditions ne soulèvent pas de difficulté ; les deux dernières, au contraire, ont donné lieu à des controverses sérieuses, diversement tranchées par les tribunaux.

477-1. Transfert de l'exploitation. — Le bénéfice d'une indemnité existe-t-il quand le propriétaire abandonne ses anciens locaux pour transporter son commerce dans les lieux repris, à supposer, bien entendu, que ceux-ci soient plus grands que les locaux délaissés ?

C'est la question du transfert. Elle est diversement résolue.

Une première opinion donne à l'expression légale « *agrandir les locaux où il* (le propriétaire) *exerce son commerce* » un sens large, sans envisager le fait matériel de l'abandon des anciens locaux.

La seconde opinion prétend se baser sur l'interprétation stricte du texte et affirme qu'on ne peut pas agrandir des locaux que l'on abandonne, et que l'agrandissement suppose à la fois la conservation des anciens locaux et l'adjonction de locaux contigus.

Cette opinion paraît trop étroite ; il est contestable qu'elle corresponde au sens littéral du texte et elle est certainement contraire au but du législateur. (Voir *supra*, nº 477 ; voir aussi article de l'Archevêque, Rev. Loyers 1928. 561 et s.)

477-2. *Jurisprudence.* — La majorité des tribunaux et cours d'appel, repoussent l'indemnité d'éviction en cas d'abandon des locaux et de transfert du commerce. Citons en ce sens : Tribunal civil d'Auxerre, 10 janvier 1927 ; Cour de Poitiers, 29 mars 1927 ; Tribunal civil de Privas, 7 avril 1927 (Gaz. Pal. 1927. 2. 214) ; Tribunal civil de Lyon, 18 mai 1927 (Gaz. Pal. 1927. 2. 648) ; Cour de Caen, 13 juin 1927 (D. H. 1927. 517) ; Tribunal civil de la Seine-Inférieure, 4 juillet 1927 (motifs au D. H. 1927. 535) ; Cour de Douai, 19 juillet 1927 (Rec. Douai, 1927. 333) ; Cour de Limoges, 26 juillet 1927 (Rec. des Sommaires, 1927, nº 3207) ; Cour de Nancy, 26 novembre 1927 (Gaz. Pal. 1928. 1. 240) ; Cour de Rennes, 20 déc. 1927 (Rec. Rennes, 1928, nº 1) ; Tribunal civil de la Seine, 24 déc. 1927 (Rev. Loyers, 1928. 171) ; Cour de Rouen, 18 janvier 1928 (. H. 1928. 172) ; Tribunal civil de la Seine, 20 janvier 1928

(Semaine juridique 1928. 237) ; Cour de Limoges, 2 mars 1928 (La Loi, 16 mai 1928).

D'autres décisions, en moins grand nombre, ont consacré l'opinion inverse. Citons : Tribunal civil de Lille, 1er février 1927 (Gaz. Pal. 1927. 2. 214) ; Tribunal civil du Puy, 28 mai 1927 (Gaz. Pal. 1927. 2. 648) ; Tribunal civil de la Seine-Inférieure (section de Rouen), 11 juillet 1927 (Gaz. Pal. 1927. 2. 646) ; Cour d'Orléans, 19 juillet 1928 (D. H. 1927. 531) ; Cour de Chambéry, 27 déc. 1927 (D. H. 1928. 142) ; Trib. civ. de la Seine, 7 mars 1928 (Rev. Loyers 1928. 450).

La Cour de cassation n'a pas encore statué. L'arrêt précité de la Cour de Chambéry, du 27 décembre 1927 lui a été soumis. Il a fait l'objet d'un arrêt d'admission rendu le 12 juin 1928, sur le rapport de M. le conseiller Bricout et les conclusions de M. l'avocat général Mornet. Ce dernier s'est prononcé en faveur de l'interprétation littérale du texte.

482-1. Intention d'agrandir à l'époque de l'acquisition. — Cette condition est indispensable pour entraîner l'indemnité d'éviction. Elle peut paraître rigoureuse, mais est imposée par le texte de la loi. Il faut que l'acquisition ait été faite « *en vue* » de l'agrandissement. L'indemnité ne serait pas due si cette pensée d'agrandissement n'était apparue qu'après l'acquisition.

La loi ne fixe pas de délai pour la réalisation de cette intention. Un immeuble a pu être acquis il y a trente ans, avec l'intention d'agrandir les locaux commerciaux alors existants dans un avenir plus ou moins lointain. Depuis l'acquisition, des baux ont pu être passés, sans détruire l'intention primitive d'agrandir dans l'avenir. Dans ce cas, la preuve de cette intention est difficile à établir et incombe au locataire. (Voir *supra*, nº 483 et *infra*, nº 483-1.)

482-2. *Jurisprudence.* — Les tribunaux et cours d'appel sont unanimes pour exiger l'intention d'agrandir à l'époque même de l'acquisition. Citons en ce sens, un jugement du Tribunal civil de Laval du 25 mars 1927, un jugement du Tribunal civil de Lyon, du 6 avril 1927 et un arrêt de la Cour de Riom du 9 mai 1927 (Gaz. Pal. 1927. 2. 114). Le Tribunal civil de Montpellier a statué dans le même sens, par décision du 17 mai 1927 (D. H. 1927. 441).

483-1. Présomption et preuve de l'agrandissement. — Si l'acquisition a date certaine avant les cinq années qui précèdent l'expiration du bail, ou de sa prorogation, le propriétaire est présumé avoir acquis en vue de s'agrandir. La preuve contraire lui est réservée.

Si la date certaine de l'acquisition est antérieure au délai de cinq ans, le propriétaire est présumé ne pas avoir acquis pour l'agrandissement, mais le locataire est autorisé à faire la preuve contraire.

L'expiration du délai déplace donc le poids de la preuve. Celle-ci est très difficile à établir. Une intention est toujours malaisée à démontrer. La preuve est encore plus ardue lorsqu'il s'agit d'une intention passée qui ne peut, dans le présent, se manifester par des actes extérieurs.

Pour le propriétaire, sur qui pèse une présomption défavorable, lorsque son acquisition remonte à moins de cinq ans, il est relativement plus commode de prouver par des événements récents, qu'il se trouve obligé de reprendre le local litigieux, mais que ces circonstances expliquent seules son attitude nouvelle. Il peut aussi établir qu'en achetant l'immeuble, il recherchait un placement immobilier ou voulait assurer l'installation de ses enfants et qu'il a depuis modifié ses projets.

Pour le locataire, à qui incombe la preuve de l'intention d'agrandir lorsque l'acquisition dépasse le délai prescrit, la preuve est extrêmement difficile à faire. Elle pourra résulter de toutes les circonstances de la cause, être établie par témoins ou même présomptions graves, précises et concordantes. A cet égard, les règles du droit commun s'appliquent. Les tribunaux ont la faculté d'ordonner une enquête ou de la repousser si les faits ne paraissent pas pertinents.

483-2. *Jurisprudence.* — Les tribunaux ont tous consacré le déplacement du fardeau de la preuve d'après la date de l'acquisition. Signalons, sur ce point, les décisions suivantes : Tribunal civil de Laval, 25 mars 1927 ; Tribunal civil de Lyon, 5 avril 1927 ; Cour de Riom, 9 mai 1927 (Gaz. Pal. 1927. 2. 114) ; Tribunal civil d'Aix, 22 novembre 1927 (La Loi, 10 janvier 1928) ; Tribunal civil de la Seine, 16 décembre 1927 (Rev. Loyers 1928. 129) ; Tribunal civil de la Seine, 5 mars 1928 (D. H. 1928. 281).

Le Tribunal civil de la Seine, par jugement du 2 décembre 1927 (Revue Loyers 1928. 180) a reconnu au locataire le droit de faire, par témoins, la preuve de l'agrandissement. Le même tribunal, par la décision précitée du 5 mars 1928, a déclaré qu'il était souverain pour apprécier s'il convenait ou non d'autoriser le locataire à faire la preuve qu'il sollicitait. Notons, que dans cette espèce, aucune articulation de faits n'avait été soumise au tribunal.

Le Tribunal civil de Lyon, par jugement du 18 mai 1927 (Gaz. Pal. 1927. 2. 648) a admis que la présomption d'intention d'agrandir était détruite par des menaces d'expulsion. Le Tribunal civil de l'Aude, par jugement du 21 juin 1927 (D. H. 1927. 504) a estimé que cette présomption subsistait si le propriétaire ne justifiait pas avoir été dans l'obligation de quitter son domicile personnel et avoir reçu congé de son propriétaire et n'avait agi que pour ses convenances.

Le Tribunal civil de la Seine, par décision du 16 décembre 1927 (Rev. Loyers 1928. 129) a jugé que la preuve de l'intention d'agrandir résultait des déclarations faites par une société, il y a plus de vingt ans, d'après lesquelles elle ne renouvellerait pas les baux d'un immeuble qu'elle venait d'acquérir.

§ II. — *Commerce similaire.*

486-1. Indemnité d'enrichissement. — Cette indemnité n'est accordée que si, dans un délai de cinq ans, les locaux litigieux servant à l'exploitation d'un commerce ou d'une industrie similaire à celui du locataire évincé.

Elle est subordonnée à un événement futur, dont la réalisation ne peut être que postérieure au départ du locataire. C'est ce qui explique que, jusqu'à présent elle ait été rarement appliquée. (Voir *supra*, n° 561.)

487-1. Quid en cas de reprise ? — Dans de nombreux cas, le propriétaire pourra exercer la reprise de ses locaux, en vue d'une exploitation commerciale, sans être tenu de verser une indemnité d'éviction.

S'il exploite un commerce similaire, sera-t-il tenu de payer une indemnité d'enrichissement ? Cela ne paraît pas douteux, en raison du terme « occupant » employé par le législateur dans l'article 8 de la loi. Ce terme vise tout exploitant des lieux (Voir *supra*, n° 572, la question du cumul des indemnités).

487-2. *Jurisprudence.* — La Cour de Caen, par un arrêt du 27 juillet 1927 (Gaz. Pal. 1927. 2. 663) a admis, dans ses motifs, que le propriétaire pouvait, après la reprise, être tenu de payer une indemnité d'enrichissement, en cas d'exercice d'un commerce similaire.

§ III. — *Plus-value résultant des aménagements.*

488-1. Conditions d'application. — L'indemnité de plus-value, mise à la charge du propriétaire qui exerce le droit de reprise, sera d'une application peu fréquente. Elle ne peut être accordée en tout état de cause que si le contrat de location n'attribue pas au bailleur la propriété des améliorations et si ce dernier n'exige pas la remise des lieux en leur état originaire.

Plutôt que de remettre les lieux en état, comme il y est toujours obligé, le locataire préférera souvent abandonner l'indemnité de plus-value, ou transiger sur son montant, du reste difficile à déterminer. (Voir *supra*, n° 564.)

Observons que l'indemnité de plus-value ne jouera pas lorsque le propriétaire sera déjà tenu de payer une indemnité d'éviction. Cette dernière indemnité, devant tenir compte de tout le préjudice causé, ne laisse pas place à un autre élément dommageable. (Voir pour le cumul des actions en indemnité, *supra*, n° 576.)

488-2. *Jurisprudence.* — La Cour de Rennes, par arrêt du 20 juin 1927 (Gaz. Pal. 1927, 2, 344), a jugé que, pour éviter le payement de l'indemnité de plus-value, le propriétaire pouvait exiger la remise des lieux en leur état primitif. La Cour de Douai, par arrêt du 26 juillet 1927 (Jurispr. Douai, octobre 1927), a jugé que l'indemnité de plus-value n'était pas due, si le locataire devait, d'après son bail, laisser au propriétaire les améliorations faites par lui dans l'immeuble.

CHAPITRE II

REPRISE EN VUE DE CONSTRUIRE OU DE RECONSTRUIRE.

SECTION I. — Reprise d'immeuble bâtis.

496-1. Nécessité d'une reconstruction. — La loi n'accorde pas le droit de reprise pour démolir, mais simplement pour la reconstruction et si la démolition la précède nécessairement, elle ne saurait à elle seule justifier le droit de reprise.

Il n'en pourrait être autrement que si l'immeuble menaçait ruine ou était insalubre.

Si le danger de ruine est immédiat le propriétaire peut, en vertu du droit commun, obtenir l'expulsion en référé des locataires commerçants, dont le droit au bail et le droit au renouvellement disparaissent ainsi.

Si le danger de ruine n'est pas immédiat, le paragraphe 6 de l'article 5 exige un préavis de six mois, mais impose au propriétaire l'obligation de reconstruire ou d'apporter les modifications nécessaires. Il en est de même en cas d'insalubrité.

496-2. Emplacement de la reconstruction. — En principe, la reconstruction doit être faite sur l'emplacement des locaux repris et démolis, mais il ne faut pas interpréter cette condition d'une manière trop stricte.

Si tout un groupe d'immeuble est repris pour être démoli, il est loisible au propriétaire de créer une voie privée ou de prévoir des cours-jardins qui se développeraient sur l'emplacement même de certains des immeubles repris. Il est nécessaire de tenir compte des règles de l'architecture urbaine et des soucis d'hygiène ou d'esthétique qui les inspirent.

496-3. *Jurisprudence.* — Le Tribunal civil de la Seine, par jugement du 27 avril 1928 (8e Chambre, affaire Vigroux et Polisset) a jugé que le droit de reprise pour démolir et reconstruire était exercé conformément à l'intention du législateur dans le cas où le propriétaire se proposait d'ouvrir une voie privée, destinée à desservir divers immeubles en construction, sur l'emplacement même de l'immeuble repris.

496-4. Cas des personnes morales. — Le droit de reprise pour reconstruire appartient aussi bien aux personnes physiques qu'aux personnes morales. On n'aperçoit aucune raison de faire une distinction. Si après la reconstruction l'immeuble est exploité commercialement, par le propriétaire lui-même, il peut y avoir agrandissement et droit à indemnité. (Voir *supra*, n° 485.) Cette indemnité n'aura pas son principe dans la démolition et la reconstruction, mais dans l'utilisation postérieure des lieux.

496-5. *Jurisprudence.* — Le Tribunal civil d'Abbeville a jugé, par décision du 23 mars 1927 (Gaz. Trib., 8 juin 1927) que le droit de reprise pour démolir et reconstruire appartenait aux sociétés. Le

Tribunal civil de la Seine a implicitement statué en sens contraire par jugement du 2 avril 1928 (La Loi, 9 mai 1928).

499-1. Agrandissement de l'exploitation commerciale après reconstruction. — Dans cette hypothèse, si les autres conditions exigées par la loi sont remplies, l'agrandissement de l'exploitation donnera lieu à l'indemnité d'éviction. L'article 5 § 2, le dit expressément, dans sa partie finale en visant l'agrandissement ou la création d'une succursale *même en cas de reconstruction*.

En est-il de même si l'immeuble repris et démoli était insalubre ou vétuste ? Des distinctions sont nécessaires.

Si le droit commun, par suite d'un danger immédiat, permet la démolition de l'immeuble, les dispositions de la loi ne sauraient recevoir application.

Dans le cas contraire, la reconstruction de l'immeuble, et, *a fortiori* sa transformation, donnent droit à une indemnité si le propriétaire installe son exploitation dans les lieux reconstruits ou aménagés, et si les autres conditions du droit à indemnité sont remplies.

499-2. *Jurisprudence*. — La Cour de Rennes, par arrêt du 25 juillet 1927 (Rec. Rennes, 1927, 4ᵉ fascicule) a décidé que si le locataire a droit à l'indemnité d'éviction de l'article 4, en cas de reprise par le propriétaire qui a acquis l'immeuble en vue d'un agrandissement après démolition et reconstruction, cette indemnité ne doit pas être accordée quand l'immeuble repris était insalubre et menaçait ruine.

500-1. Fraude. — Même en cas de démolition et de reconstruction, la fraude peut exister. Il est impossible de prévoir les cas d'espèce, mais dans certaines circonstances sans doute extrêmement rares les tribunaux pourront être conduits à admettre que la démolition et la reconstrution ne sont faites que pour atteindre la maison de commerce du locataire et préjudicier à ses droits.

500-2. *Jurisprudence*. — Le Tribunal civil de la Seine, par jugement du 1ᵉʳ mars 1928 (Rev. Loyers 1928, 448) a estimé que la fraude aux droits des locataires existait si le propriétaire a exercé le droit de reprise en vue de démolir l'immeuble et n'y a effectué que des modifications ou des réparations insignifiantes pour le relouer ensuite à un autre commerçant.

CHAPITRE III

MOTIF GRAVE ET LÉGITIME.

512-1. Définition. Caractères. — La gravité et la légitimité des motifs opposés, en dehors des exceptions prévues par la loi, à la demande de renouvellement du locataire, est une question de fait dont l'appréciation appartient souverainement aux juges du fond.

Ils semblent que seuls puissent être considérés comme des motifs suffisants les événements qui, au cours du bail, en auraient justifié la résiliation. Il convient en outre que les griefs présentent un certain caractère d'actualité et qu'ils soient graves à l'encontre du locataire sortant.

512-2. *Jurisprudence.* — Il a été jugé que constituait un motif grave et légitime de refus... le fait pour un commerçant d'avoir affecté à son commerce, contre le gré de son bailleur, les locaux à lui loués pour l'habitation (Trib. civ. Caen, 6 juillet 1927. Gaz. Pal. 1927. 2. 602) ; ...le fait pour un commerçant d'avoir exploité un fonds de commerce dans les lieux loués expressément à l'usage d'un dépôt-resserre et d'avoir ainsi méconnu l'obligation légale d'employer la chose louée conformément à sa destination (Trib. civ. Seine, 3 déc. 1927. Rev. Loyers, 1928. 161); ...le fait par un locataire de refuser de payer une augmentation de loyer imposée par un jugement lui ayant accordé le bénéfice d'une prorogation (Cour de Limoges, 30 novembre 1927. Rec. Sommaires, 1928, n° 645); ...le fait par un aubergiste d'avoir été condamné pour excitation de mineurs à la débauche, même si l'aubergiste a cessé son exploitation et confié la gérance de son fonds à un tiers (Cour de Colmar, 30 novembre 1928. Recueil Alsace-Lorraine, février 1928) ; ...le fait du cessionnaire qui a contrevenu au bail en n'appelant pas le propriétaire à l'acte notarié de cession et en ne lui remettant pas une grosse de cet acte (Trib. civ. Seine, 10 février 1928. Rev. Loyers 1928. 446) ; ...le refus de supporter le coût de l'installation du tout à l'égout ordonnée par l'autorité municipale alors que le locataire est tenu de toutes les réparations (Trib. civ. Seine, 16 juillet 1927. Rev. Loyers 1927. 562).

Au contraire, il a été jugé que ne constituait pas un motif grave et légitime de refus : ...des écrits injurieux ou diffamatoires adressés

quelques années avant la fin du bail, alors que le propriétaire a
laissé prescrire son droit de poursuite (Cour de Colmar, 13 juillet
1927. Gaz. Pal. 1927. 2. 645); ...la transformation en magasin de
l'appartement du premier étage de la maison louée, en violation des
clauses du bail alors que rien n'établit que ce changement de destination ait subsisté après une mise en demeure signifiée au locataire,
avant la loi du 30 juin 1926 et que, par ailleurs, le propriétaire était
en droit de faire cesser ladite infraction (Trib. civ. du Havre, 22 octobre 1927. Gaz. Pal. 1927. 2. 800); ...l'exploitation normale et régulière du commerce prévu au bail, même si ce commerce peut être
de nature à nuire à la bonne tenue générale de l'immeuble (Trib.
civ. Seine, 20 octobre 1927. Gaz. Pal. 1928. 1. 5 et Trib. civ. Seine,
11 février 1928. Rev. Loyers 1928. 166); ...le fait d'exercer le commerce de débitant et de logeur en garni alors que l'immeuble avait
été loué à l'usage de café restaurant et commerce de garni (Trib. civ.
Seine Inférieure, 11 juillet 1927. D.H. 1927. 551); ...la transformation du premier étage du local d'habitation en commerce lorsque
cette transformation a eu lieu il y a quatorze ans, à la connaissance
du propriétaire, habitant la même localité (Trib. civ. Seine, 16 juillet 1927. Rev. Loyers 1927. 561).

512-3. Exploitation illicite ou contraire aux bonnes mœurs. — Les
tribunaux se refusent à connaître des litiges nés à propos des locaux
dans lesquels s'exploitent les maisons de tolérance. Il a été jugé à
cet égard, que le commerçant qui exploite une maison de rendez-vous
ne pouvait obtenir le bénéfice de la prorogation légale (Cass. Comm.
sup., 12 janvier 1928. D. H. 1928. 154).

En vertu de ces principes, il convient de refuser le bénéfice de
la loi du 30 juin 1926 à ceux dont l'exploitation est contraire à la
loi ou aux bonnes mœurs.

512-4. *Jurisprudence.* — A propos d'une demande de renouvellement formée par un sous-locataire au locataire principal, la Cour
de Bordeaux a jugé, par un arrêt du 8 mai 1928 (Gaz. Pal. 1928.
2. 135) que le sous-locataire, qui avait transformé en maison de rendez-vous les lieux loués à usage de pension de famille, n'avait pas
droit au bénéfice de la loi. Cette décision paraît s'attacher plus à la
nature de l'exploitation qu'au changement de destination des lieux.

CHAPITRE IV

DROITS ACQUIS PAR LES TIERS.

518-1. Opposabilité des baux ayant date certaine avant le 1er janvier 1923. — En principe le bail consenti à un tiers, pour être opposable à la demande de renouvellement du locataire, doit avoir date certaine avant le 1er janvier 1923.

Dans certains cas, prévus au paragraphe 3 de l'article 13, cette date doit même être antérieure au 1er janvier 1914.

518-2. *Jurisprudence.* — La jurisprudence a fait application de ces règles notamment lorsque le sous-locataire, ancien locataire direct du propriétaire, demande le renouvellement de son bail et se heurte à un bail consenti au locataire principal avant le 1er janvier 1923, mais au cours du contrat qui le liait directement au propriétaire. (Voir sur cette question *supra*, nos 263-23 et 24 et Trib. civ. Seine, 13 octobre 1927. Gaz. Pal. 1928. 1. .653, et 6 décembre 1927. Rev. Loyers 1928. 191 ; Trib. civ. Montpellier, 17 février 1928. Mon. Jud. Midi, 1er juin 1928.)

CHAPITRE V

UTILITÉ PUBLIQUE.

§ 1

527-1. Travaux d'utilité publique. — Le législateur a voulu que l'intérêt du commerçant s'efface devant l'intérêt de la collectivité et il a déclaré en termes exprès, dans l'article 18 § 1, que la loi n'était pas applicable « *aux locations d'immeubles destinés par des collectivités à des travaux d'utilité publique* ».

Cette conception est quelque peu critiquable. Si le commerçant possède un droit au renouvellement, on ne voit pas pourquoi la collectivité, qui le prive de l'exercice de ce droit, ne lui en payerait pas la valeur. Pourquoi ne pas également priver le propriétaire de son immeuble, sans la moindre indemnité sous prétexte que l'intérêt général exige son expropriation ? Dans les deux hypothèses, la situation est analogue. Les mêmes principes devraient s'appliquer.

La formule du texte légal est aussi large que possible. Elle n'exige pas que les collectivités soient déjà devenues propriétaires des immeubles litigieux ; ceux-ci peuvent encore appartenir à des particuliers. Il suffit qu'ils soient destinés à des travaux d'utilité publique.

527-2. *Jurisprudence.* — Ainsi il a été jugé ...par la Cour de Paris (arrêt du 19 juillet 1927. Gaz. Pal. 1927. 2.567) que le locataire ne saurait bénéficier de la loi du 30 juin 1926, quand l'immeuble où il exploite son commerce a fait l'objet d'une délibération du Conseil municipal, autorisant le préfet à acquérir l'immeuble à l'amiable, en vue de l'élargissement d'une voie publique importante ; ...par la Cour de Riom (arrêt du 23 novembre 1927. Gaz. Pal. 1928. 1. 51) que la loi du 30 juin 1926 était inapplicable lorsque l'immeuble était compris dans le périmètre des terrains nécessaires aux travaux déclarés par décret d'utilité publique, en vue de l'extension de la commune, bien que la cession n'en ait pas encore été faite au jour de la tentative de conciliation, sans qu'il y ait lieu de rechercher qui en était le propriétaire.

§ 2

530-1. Biens des personnes et établissements publics. — Il s'agit de préciser la nature et le caractère du motif spécial de refus que peuvent invoquer l'Etat, les départements, les communes et les établissements publics.

Pour que le bénéfice de la loi ne puisse être invoqué, il faut que le refus de renouvellement « *corresponde à un intérêt public* ».

530-2. Les deux interprétations en présence. — Cette formule a donné lieu à deux interprétations.

La première s'attache au sens usuel des mots. Elle admet que les personnes morales visées par l'article 18, sont, en principe, tenues de renouveler les baux de leurs locataires, aussi bien que les propriétaires simples particuliers ; que néanmoins, la loi leur a fait une situation quelque peu spéciale, en leur permettant de refuser si leur attitude est justifiée par un intérêt public. Il y a là un motif de refus qui peut être grave et légitime, mais qui ne présente en tout cas pas ces caractères « *à l'encontre du locataire sortant* ». Il a été admis pour que l'application de la loi ne puisse entraver des mesures d'intérêt général, mais le terme « *correspond* » exige que l'intérêt public soit la véritable cause du refus et que sa réalité soit établie.

La seconde interprétation est beaucoup plus large. Elle tend à confondre le motif du refus avec le caractère et la destination des lieux loués. D'après elle, le refus « correspondra » toujours à un intérêt public si l'immeuble est affecté à un service public, parce que la gestion de tels établissements s'accommode mal des exigences de la loi nouvelle et des règles de l'arbitrage qu'elle a créées.

530-3. Examen des travaux préparatoires. — Cette seconde interprétation a été soutenue par M. l'avocat général Cavarroc, devant la Cour de Riom et adoptée par cette juridiction (Gaz. Pal. 1928. 1. 719 et le texte des conclusions). Elle se fonde sur une interprétation que nous ne partageons pas des travaux préparatoires. Voici, en effet, le résumé de ceux-ci.

Jusqu'en avril 1926, la disposition légale, qui est devenue l'article 18 de la loi du 30 juin 1926, était ainsi conçue : « La présente loi est applicable aux locations faites, sous forme d'adjudication, par l'Etat, les départements, les communes et les établissements publics ». Comme le texte d'alors permettait au propriétaire de refuser le renouvellement de bail en cas de motif grave et légitime, il était possible aux personnes publiques, assimilées aux bailleurs ordinaires, d'invoquer l'intérêt public pour s'opposer au renouvellement. Cet intérêt public était un motif grave.

Mais lors de la discussion de 1926, la Chambre décida que, pour être valable, ce motif devait être grave et légitime « *à l'encontre du locataire sortant* ». L'intérêt public devenait insuffisant comme motif de refus.

La Commission de la Chambre, sans donner d'explication, mais vraisemblablement pour mettre l'ancien texte en harmonie avec le principe nouveau, proposa la rédaction suivante qui fut aussitôt votée : « La présente loi n'est pas applicable aux locations portant sur des établissements appartenant à l'Etat, aux départements et communes et ayant un caractère d'intérêt public, qu'elles aient été faites sous la forme d'adjudication ou de marché de gré à gré » (Chambre des députés, séance du 22 avril 1926. *J. Of.*, p. 1902).

Dans l'esprit du législateur, le texte nouveau avait la même portée que l'ancien. Il avait pour but d'autoriser le refus lorsque l'intérêt public était en jeu.

Le Sénat apporta une modification à la disposition votée, non pour en changer le sens, mais au contraire pour le préciser.

C'est ce qui résulte du rapport Morand, n° 312, du 8 juin 1926 qui explique la nouvelle formule de la manière suivante : « Cette formule a semblé à votre commission d'autant plus ambiguë que pas un mot, dans la discussion à la Chambre, n'en précise le sens exact. Que faut-il entendre par « établissements ayant un caractère d'intérêt public ? » Pour éviter les controverses à ce sujet, votre Commission a adopté une formule qui lui semble plus claire et aux termes de laquelle « la présente loi n'est pas applicable aux locations portant sur des établissements appartenant à l'Etat, aux départements et aux communes sous condition que le refus de renouvellement corresponde à un intérêt public ».

Aussi la nouvelle formule avait la même signification que le texte qu'elle remplaçait.

Par ailleurs, M. Chapsal, ministre du Commerce, fit à la Chambre des députés du 30 juin 1926 (*J. Of.*, p. 1260) les déclarations suivantes : « Les établissements appartenant à l'Etat, aux départements et aux communes sont soustraits aux dispositions de la loi. Mais, à la vérité, quand seront-ils soustraits aux dispositions de la loi ? C'est là qu'il a fallu mettre cette restriction que critiquait tout à l'heure l'honorable M. Courtier » sous condition que le refus de renouvellement corresponde à un intérêt public ». Cela se comprend. On assimile ces établissements aux particuliers toutes les fois qu'il n'y a en jeu qu'un intérêt privé ; mais, lorsque l'intérêt public est engagé, il faut bien soustraire ces établissements à des règles qui n'ont été faites que pour défendre l'intérêt privé. Je crois que si l'on supprimait cette disposition, on mettrait l'Etat, le département, la commune et les établissements publics dans une situation privilégiée qui ne se justifierait pas, car en somme nous voyons des communes possédant des maisons qui ne sont pas affectées à un service public, qu'elles louent à des commerçants ou d'autres particuliers. Ces locations, d'un ordre tout à fait privé, doivent être soumises au régime général des locations à usage commercial ».

L'idée directrice reste bien celle qui avait présidé à l'élaboration du texte de 1923 : la loi s'appliquera en principe, sauf motif grave et légitime tiré de l'intérêt public.

530-4. Résultats de cet examen. — Ces principes se reflètent dans la formule adoptée et s'opposent à la thèse qui veut prendre pour critérium l'utilisation des locaux dans un but d'intérêt public.

Si, par le fait même que l'établissement sert l'intérêt général, la loi était écartée, l'on ne se trouverait pas nécessairement en présence d'un refus « correspondant » à l'intérêt public. Les personnes publiques n'auraient plus à faire la preuve de leurs motifs de refus. Il suffirait qu'elles établissent le caractère de l'exploitation : *ipso facto* le droit au renouvellement du locataire serait repoussé sans indemnité.

Si l'on confronte le texte avec les travaux préparatoires, cette thèse apparaît inadmissible. Quelle que soit la destination des établissements visés à l'article 18, les personnes publiques doivent justifier de la cause de leur refus. Cette justification doit fournir la preuve que si le renouvellement était accordé, l'intérêt public serait atteint et lésé.

Il est conforme au texte de la loi et à son but général d'exiger des personnes publiques la preuve qu'un intérêt public s'oppose au renouvellement des locations qu'elles ont consenties pour permettre l'exploitation d'un fonds de commerce ou d'industrie.

530 4. *Jurisprudence.* — Le Tribunal civil de Mende par jugement du 8 mars 1927 (Gaz. Pal. 1927. 2. 51) a estimé que l'intérêt public pouvait consister à assurer par un changement de direction d'un cinéma, un choix de films éducateurs. Le Tribunal civil de Brive, par décision du 9 juillet 1927 (Rev. Loyers 1927. 753) a jugé que le renouvellement du bail d'un théâtre, devant rester un théâtre, mais sous une autre direction, ne saurait être refusé à son titulaire sans que la commune ne supporte l'indemnité d'éviction, faute par elle d'établir un intérêt public de nature à justifier son refus. Ces décisions donnent à la formule de l'article 18 son interprétation littérale.

La Cour de Riom, par arrêt du 21 mars 1928 (Gaz. Pal. 1928. 1. 719) considère, au contraire « que l'article 18 précité n'exige pas que le refus de renouvellement soit justifié par des motifs tirés de l'intérêt public ; que la formule de ce texte est beaucoup plus vague et plus souple ; qu'il veut seulement que le refus de renouvellement « corresponde » à un intérêt public ; que, dans ce sens large, le refus de renouveler le bail correspondra toujours à un intérêt public lorsque l'immeuble se trouvera affecté à un service public ; qu'ainsi, l'on en revient à la rédaction précédente du texte, laquelle tenait compte uniquement du caractère de l'immeuble loué et de son mode d'utilisation ».

TITRE IV
Règlement des indemnités.

CHAPITRE PREMIER

PROCÉDURE.

533-1. Forme de l'assignation. — L'assignation en payement d'une indemnité d'éviction n'est soumise à aucune forme spéciale.

Elle est dispensée du préliminaire de conciliation aussi bien lorsque l'instance est engagée dans la quinzaine du procès verbal de non-conciliation qu'après une notification postérieure du refus.

Souvent, dans le premier cas, le magistrat autorise le locataire à assigner : cette autorisation ne saurait être considérée comme une permission d'assigner à bref délai, sans préliminaire de conciliation, car, en toute hypothèse, cette formalité est inutile.

L'assignation en payement d'une indemnité d'éviction doit être diligentée dans un court délai. Elle requiert donc célérité, ce qui aux termes du paragraphe 2 de l'article 49 du Code de procédure civile, suffit pour écarter le préliminaire de conciliation.

Cette formalité serait nécessaire en cas d'assignation en indemnité pour fraude ou commerce similaire, par exemple, car dans ces cas, la loi n'impartit pas un bref délai pour agir.

Est-il besoin de donner en tête de l'exploit copie du procès-verbal de non-conciliation ? La loi ne l'exige pas et cela paraîtrait superflu. Le propriétaire a nécessairement connu le texte de ce procès-verbal, s'il a comparu en conciliation. Si le propriétaire n'a pas comparu, la question ne se pose pas, puisqu'il est présumé, aux termes de l'article 2 § 9, « consentir au renouvellement du bail ». (Voir *supra*, nº 331.) Le locataire n'aura donc pas à assigner en indemnité dans ce cas.

Dans ces conditions, il suffit de viser le procès-verbal dans l'assignation, sans en reproduire le texte.

533-2. *Jurisprudence.* — Le Tribunal civil de Lille, par jugement du 6 mars 1928 (Gaz. Pal. 1928, 2.97) a décidé que la loi n'exigeait pas, à peine de nullité, que l'assignation en payement de l'indemnité contienne la copie du procès-verbal de non-conciliation.

534-1. Délais. Sanction en cas d'inobservation. — L'assignation doit être signifiée dans la quinzaine du procès-verbal de non-conciliation ou de la notification postérieure du refus.

Ce délai est-il prescrit à peine d'irrecevabilité de la demande ? Nous le croyons.

Sans doute la loi ne prévoit pas elle-même l'irrecevabilité, mais d'une façon générale, les délais sont prescrits à peine de déchéance.

Leur exercice est limité dans le temps et si les délais légaux ne sont pas respectés, la déchéance est encourue.

Cette déchéance peut du reste être opposée en tout état de cause. Des conclusions au fond ne le couvrent pas, car il ne s'agit pas d'une nullité d'exploit ou d'acte de procédure.

A son sujet se pose seulement la question de savoir si le juge peut la soulever d'office. Cela dépend de son caractère.

Nous croyons que le délai de quinzaine, pas plus que les autres délais impartis par la loi pour accomplir les diverses formalités qu'elle prévoit, n'est pas d'ordre public.

Par suite, il appartient à l'intéressé seul de s'en prévaloir et le juge ne pourrait suppléer à son silence. (Voir sur le développement de ces principes et leur application à la notification de reprise *supra*, nos 434-1 et s. et 436-1 et s.)

534-2. *Jurisprudence.* — La jurisprudence est partagée. Le Tribunal civil de l'Aube (jugement du 21 février 1927. Rec. des Sommaires, 1927, n° 3211), la Cour de Bordeaux (arrêt du 25 octobre 1927 (Gaz. Pal. 1928. 1. 46), la Cour de Dijon (arrêt du 19 avril 1928. Gaz. Pal. 1928, 2. 97) et le Tribunal civil de la Seine (jugement du 4 mai 1928, Rev. Loyers 1928. 606) admettent que le délai de quinzaine est imparti à peine de forclusion et d'irrecevabilité de la demande.

Au contraire, le Tribunal civil de l'Ariége (jugement du 20 mars 1927. Rec. des Sommaires 1928, n° 1983), la Cour de Montpellier (arrêt du 5 avril 1927. Rec. des Sommaires 1927. 3201), le Tribunal civil de Lyon (jugement du 18 mai 1927. Gaz. Pal. 1927. 2. 648) et le Tribunal civil de la Seine (jugement du 4 novembre 1927. D. H. 1928. 61) décident qu'aucune sanction n'est attachée à l'inobserration du délai de quinzaine et que la demande est recevable, quoique formée tardivement.

534-3. Point de départ et durée du délai en cas d'indemnité pour offre excessive. — Lorsque l'offre faite par un tiers est jugée excessive, par les arbitres ou par le président, le locataire qui renonce au renouvellement du bail en raison du prix imposé peut réclamer une indemnité d'éviction dans les termes de l'article 4. Ce sont les paragraphes 7 et 8 de l'article 3 qui lui donnent ce droit.

Le locataire formera sa demande « *dans les termes de l'article 4* ». Mais l'article 4, s'il fixe la durée du délai dans lequel le locataire doit assigner en cas de non-conciliation ou de refus postérieur du propriétaire, n'accorde pas expressément le même délai, lorsque le locataire renonce au nouveau bail, et n'en fixe pas davantage le point de départ.

Il semble logique d'accorder au locataire un délai de quinze jours à partir de sa renonciation.

La renonciation elle-même se produira dans les quinze jours qui suivront la décision fixant la condition du bail. Ce délai est expressément accordé au locataire par l'article 3, § 14. (Voir *supra*, n° 411-1.)

536-1. Prescription. — L'article 10 précise que les actions exercées en vertu de la loi se prescrivent par une durée de deux ans.

Il convient tout d'abord d'observer qu'il ne s'agit pas d'une péremption de l'instance et que l'instance une fois engagée est soumise aux règles habituelles du Code.

C'est l'action elle-même qui fait l'objet d'une réglementation particulière. Elle ne pourra être exercée que pendant deux ans.

Quel sera le point de départ de ce délai ? Ce sera l'événement qui donne naissance au droit : exercice d'un commerce similaire ; découverte de la fraude, etc. Les travaux préparatoires ont éclairé ce point, et il ne subsiste aucune équivoque à son sujet. (Voir Chambre des députés, séance du 1ᵉʳ juin 1923. *J. Of.*, p. 2289.)

Convient-il d'appliquer cette prescription de deux ans au droit au renouvellement qui naît de l'expiration du bail lui-même ? Dans le délai légal, le locataire a formé une demande de renouvellement. Doit-il dans les deux années qui suivent sa demande recourir à la procédure : citer le propriétaire en conciliation et ensuite l'assigner devant le tribunal ? Son abstention entraîne-t-elle une déchéance de son droit à indemnité ?

Nous ne le croyons pas ; nous pensons que l'article 10 doit être combiné avec le paragraphe 4 de l'article 2, qui, sans fixer de délai maximum, accorde à la partie la plus diligente le droit de saisir le magistrat conciliateur, à condition toutefois qu'un délai minimum de deux mois se soit écoulé depuis la demande de renouvellement.

En formant sa demande, le locataire sauvegarde ses droits et n'enfreint aucune disposition légale en ne saisissant pas le tribunal dans le délai de deux ans.

La prescription de deux ans ne peut recevoir application que lorsque des événements postérieurs au départ du locataire font naître, au profit de ce dernier, un droit à indemnité. Elle est soumise aux causes de suspension et d'interruption du droit commun.

537-1. Compétence en cas d'indemnité pour offre excessive. — Lorsque l'offre est jugée excessive et que le locataire, au lieu d'accepter le nouveau loyer, forme une demande en indemnité d'éviction, à qui doit-il s'adresser ? Est-ce le président ou le tribunal qui fixera l'indemnité ?

La seconde solution doit être adoptée, pour deux raisons.

La compétence du magistrat conciliateur est déterminée expressément par la loi et elle est limitée à la fixation des conditions du nouveau bail. Aucun texte ne l'étend à l'évaluation du préjudice causé.

D'autre part, la loi déclare que la demande du locataire doit être formée « *dans les termes de l'article 4* ». Or, l'article 4 prescrit au locataire de saisir le tribunal civil et ne fait aucune allusion aux pouvoirs du juge conciliateur.

Dans ces conditions, toutes les fois qu'une indemnité d'éviction est due, et quelle que soit sa cause, la demande doit être portée devant le tribunal civil, seul compétent pour en déterminer le montant.

<hr>

CHAPITRE II

INDEMNITÉ D'ÉVICTION.

SECTION I. — Cas d'application.

538-1. Principes généraux. Quid en cas d'absence de préjudice ? — Lorsque le propriétaire ne peut invoquer une cause légale de refus, il doit *ipso facto* réparer le préjudice causé par le défaut de renouvellement.

En fait, il y aura généralement un certain préjudice, ne serait-il représenté que par les frais de déménagement. Mais, s'il n'y a pas de préjudice du tout, par suite de circonstances spéciales qui ne sont pas impossibles, le propriétaire doit-il une indemnité d'éviction ? En aucune façon. La réparation est fonction du dommage causé, et si le locataire n'éprouve aucun trouble, le propriétaire ne saurait être tenu de réparer un préjudice inexistant.

538-2. *Jurisprudence.* — Le Tribunal civil de la Seine par jugement du 14 novembre 1927 (La Loi, 20 décembre 1927) a décidé que le propriétaire qui refuse sans motif légitime doit *ipso facto* une indemnité dont la seule fixation est à déterminer, et que le propriétaire ne saurait se borner à prétendre que son refus ne serait nullement préjudiciable au locataire.

539-1. Cas particulier. Fixation d'une indemnité éventuelle. — Le locataire a toujours le droit de faire fixer l'indemnité d'éviction qui pourrait lui être due par la suite si le propriétaire ne se conformait pas aux déclarations qu'il a faites, au droit de reprise qu'il a invoqué. Le dernier alinéa de l'article 4 lui en donne le droit.

539-2. *Jurisprudence.* — Il a été jugé …que lorsque le propriétaire exerçait le droit de reprise consacré à son profit par l'article 5, le locataire avait le droit de faire évaluer par le tribunal une indemnité éventuelle d'éviction en cas d'inexécution par le propriétaire de ses déclarations, par exemple, de non-occupation des lieux ou de non reconstruction de l'immeuble dans le délai imparti, mais que c'était seulement après l'expiration de ce délai que cette indemnité pouvait être perçue (Trib. civ. Bourg, 10 juin 1927, La Loi, 23 novembre 1927) ;… qu'en cas de reprise pour agrandir, ne donnant pas lieu à indemnité, le locataire pouvait faire reconnaître à ses frais, risques et périls, par une expertise, le principe d'une indemnité éventuelle pour le cas où le propriétaire ne tiendrait pas ses engagements et ne transporterait pas dans l'immeuble* acquis la totalité de son exploitation commerciale (Cour de Caen, 13 juin 1927. D. H. 1927. 517).

540-1. Indemnité en cas d'offre excessive. — Lorsque l'offre faite par un tiers, au cours des opérations d'arbitrage, tout en présentant les caractères de réalité et de sincérité voulus par la loi, est jugée excessive, le locataire évincé a droit à une indemnité d'éviction égale au préjudice subi. (Voir sur payement de cette indemnité, *infra*, n° 583-13.)

540-2. *Jurisprudence.* — Il a été jugé par la Cour de Paris (arrêt du 1er février 1928. Gaz. Pal. 1928. 1. 316) que lorsque le locataire, par suite d'une offre réelle et sincère, mais excessive, d'un tiers ne peut obtenir le renouvellement du bail au taux fixé, il a droit à une indemnité d'éviction égale au préjudice qu'il va subir et que cette indemnité est exigible avant l'entrée du nouveau locataire dans les lieux.

SECTION II. — Fixation de l'indemnité.

541-1. Caractère forfaitaire de l'indemnité. — L'indemnité d'éviction présente un caractère forfaitaire qui mérite d'être retenu.

En principe, l'indemnité doit pouvoir assurer au commerçant sa réinstallation dans d'autres locaux. En période normale, elle sera presque toujours fixée avant l'abandon des lieux.

Il est donc indispensable que le juge apprécie un dommage qui n'a pas encore été subi et, en tenant compte du présent, scrute l'avenir pour rechercher les éléments d'un trouble qui n'est pas encore né.

C'est là une tâche presque impossible à remplir, car le préjudice dépend de circonstances postérieures au jugement rendu.

Si, par un hasard heureux, le commerçant évincé trouve une boutique voisine, à la veille de son abandon des lieux, son dommage s'en trouvera considérablement réduit.

Les tribunaux ne peuvent évidemment tenir compte de ces événements, ni même en prévoir l'existence et subordonner à leur réalisation le taux de l'indemnité. Ils ne peuvent fixer trois ou quatre taux d'indemnité et faire correspondre à chacun d'eux une éventualité distincte.

Dans ces conditions, il est nécessaire que l'indemnité allouée présente un caractère forfaitaire. Elle tiendra compte des difficultés de réinstallation, en général, sans s'attacher exclusivement à une espèce particulière.

Ce caractère forfaitaire avait retenu l'attention du Parlement au cours de l'élaboration de la loi, et le Sénat, pour éviter les difficultés d'une fixation précise de l'indemnité, avait proposé divers modes d'évaluation forfaitaire. La Chambre, au contraire, a préféré laisser aux magistrats le soin d'apprécier le dommage subi dans chaque cas, mais, par la force des choses, l'évaluation des tribunaux ne correspondra jamais exactement à la réalité.

541-2. Pas de réduction, ni de répétition possibles de l'indemnité après sa fixation. — Ce caractère forfaitaire de l'indemnité ne permettra pas d'en demander la réduction, pour le cas où il serait démontré après le départ du locataire, que le dommage est très inférieur à ce qui avait été envisagé.

Il peut paraître choquant pour un propriétaire de verser à son locataire évincé une indemnité qui dépassera la réparation du préjudice. Il est bien évident que ce résultat est contraire au but de la loi et à son texte même qui limite l'indemnité au préjudice subi.

Néanmoins, aucune voie de recours ne s'offre au propriétaire pour faire reviser le chiffre primitivement fixé.

La loi est muette à cet égard : elle ne contient pas une disposition analogue à l'article 19 de la loi du 9 avril 1898 qui permet au patron, responsable des accidents de travail, de faire reviser le taux d'invalidité et le montant de la pension.

A défaut de texte spécial, les principes généraux sont impuissants à rendre possible une modification de l'indemnité.

L'action en répétition de l'indû ne peut jouer, car le locataire n'a fait que percevoir ce qui lui était dû, en recevant l'indemnité fixée par justice.

L'action de *in rem verso*, pour enrichissement injuste est également sans application, car l'enrichissement éventuel du locataire repose sur une cause juridique certaine : le jugement qui a déterminé son préjudice.

La requête civile, enfin, ne saurait être admise, car le propriétaire ne se trouverait pas dans l'un des cas limitativement énumérés par l'article 480 du Code de procédure civile.

549-1. Evaluation du préjudice. — Il n'est pas possible de poser des règles précises pour la fixation de l'indemnité d'éviction. Tous les éléments du préjudice doivent entrer en ligne de compte.

549-2. *Jurisprudence*. — Rappelons la décision déjà citée du tribunal civil du Rhône, en date du 6 avril 1927 (Gaz. Pal. 1927. 2. 114) qui admet qu'en principe le préjudice égale approximativement la valeur du fonds, mais qu'il convient en partant de cette base, de prendre en considération toutes les autres circonstances de la cause.

Le Tribunal civil de l'Aude, par jugement du 21 juin 1927 (D. H. 1927. 504) admet que, dans l'évaluation de l'indemnité il faut tenir compte du fait que le locataire pourra continuer à exercer son commerce dans le quartier où il était établi et que sa situation y est au moins aussi favorable.

La Cour de Caen, par arrêt du 23 novembre 1927 (Rec. Rouen et Caen, 1928. 2. 27) a fixé à 500 francs le chiffre de l'indemnité d'éviction allouée à un locataire dont le fonds avait été acheté 3.000 francs en 1920 et en tenant compte de ce que l'enseigne, la clientèle et l'achalandage lui restaient, de ce qu'il n'était privé que de son droit au bail et qu'il n'apparaissait pas que de sérieuses difficultés fassent obstacle à sa réinstallation.

549 3. Possibilité d'une mesure d'instruction ordonnée en référé. — Il est évidemment très difficile pour le locataire de faire apprécier, après son départ, le trouble qui lui est causé, car certains éléments de ce trouble risquent de disparaître avec l'abandon des locaux.

Dans le cas d'expulsion, le locataire peut-il obtenir une mesure d'instruction par ordonnance de référé ? Il semble que le juge des référés soit compétent, quoique le juge du principal soit saisi, puisque même dans cette hypothèse, la procédure du référé est admise, lorsqu'il y a urgence.

549 4. *Jurisprudence.* — La Cour de Paris, par arrêt du 9 novembre 1927 (Sem. Juridique 1927. 1430) a admis que le juge des référés était toujours compétent pour ordonner une expertise aux fins de faire fixer une situation de fait qui peut être modifiée ou anéantie ; qu'il en est ainsi notamment, lorsque le propriétaire d'un local à usage commercial a notifié au locataire à fin de bail son intention de reprendre ce local pour démolir et reconstruire et l'occuper personnellement et que le locataire demande au juge des référés une expertise pour faire évaluer son exploitation commerciale, avant qu'elle ne cesse, en vue d'en soumettre les résultats au tribunal civil saisi de sa demande d'indemnité, conformément à l'article 4 de la loi du 30 juin 1926.

CHAPITRE III

INDEMNITÉ D'ENRICHISSEMENT.

561-1. Impossibilité d'une fixation éventuelle. — L'indemnité d'enrichissement pour commerce similaire exercé dans les cinq années qui suivent le départ du locataire évincé ne peut pas faire l'objet d'une fixation éventuelle.

Elle n'est due que si « *le nouvel occupant tire un avantage appréciable de l'accroissement de clientèle, ou d'achalandage, créés ou acquis par le locataire sortant* », et elle trouve sa limite dans l'enrichissement ainsi réalisé.

Elle ne peut donc être déterminée avant l'exercice du commerce similaire par le nouveau locataire.

561-2. *Jurisprudence.* — La Cour de Limoges, par un arrêt du 20 novembre 1927 (Rec. Sommaires, 1928, n° 645) a jugé qu'au cas de refus de renouvellement pour motif grave et légitime, il suffisait de réserver au commerçant le droit de recourir à la justice pour se faire allouer une indemnité d'enrichissement au cas où il pourrait prouver que le propriétaire, reprenant son local pour y transporter son commerce, profiterait de la clientèle du locataire expulsé.

564-1. Quid en cas d'éviction pour motif grave et légitime ? — En cas de reprise par le propriétaire (Voir *supra*, n° 486) ou en cas d'occupation par un tiers dont les droits sont opposables au locataire évincé (Voir *supra*, n° 523), ce dernier peut réclamer une indemnité pour enrichissement, si les conditions exigées par la loi sont remplies.

En est-il de même si le droit au renouvellement a été repoussé par suite d'un motif grave et légitime à l'encontre du locataire sortant ?

La loi ne résout pas cette question. Sa solution paraît résider dans le caractère différent des indemnités.

L'indemnité d'éviction répare le préjudice causé par le refus de renouvellement et ce refus est considéré comme une faute à la charge du propriétaire, lorsqu'aucun motif autorisé par la loi n'est fourni.

L'indemnité d'enrichissement n'est que la sanction du profit réalisé par le locataire rentrant. Sa base juridique est toute différente et les débiteurs des deux indemnités sont, en principe, deux personnes distinctes.

Si donc, par suite d'un motif légitime de refus, le propriétaire est exonéré de toute indemnité à l'égard du locataire sortant, il n'en résulte pas que le nouveau locataire ne doive pas tenir compte à son prédécesseur du profit qu'il tire du commerce acquis ou créé par ce dernier.

L'indemnité d'enrichissement est due dès que le successeur exerce, dans les cinq ans, un commerce similaire et bénéficie de la clientèle du commerçant évincé. Ces circonstances suffisent à justifier le principe de l'indemnité d'enrichissement, sans que la mauvaise gestion ou les abus de jouissance antérieurement commis puissent nuire aux droits du locataire sortant.

L'on ne peut objecter que c'est par sa faute que le locataire est privé de son droit au renouvellement et de l'indemnité égale au préjudice subi et que ce serait lui accorder une réparation partielle que de lui réserver la possibilité d'obtenir une indemnité d'enrichissement.

Cette objection confond les causes distinctes des deux indemnités et si le propriétaire, pour se libérer, peut faire valoir des griefs dont il a subi les conséquences, le locataire rentrant ne peut invoquer des faits antérieurs auxquels il est demeuré étranger.

564-2. *Jurisprudence.* — La Cour de Limoges, par l'arrêt précité du 30 novembre 1927 (Rec. Sommaires, 1928, 645) paraît avoir admis le droit à l'indemnité d'enrichissement en cas de refus de renouvellement fondé sur un motif grave et légitime.

567-1. Fixation. — L'indemnité n'est due que si le successeur profite de l'accroissement de clientèle ou de l'achalandage du locataire évincé. C'est une preuve difficile à établir et qui exigera presque toujours une expertise.

567-2. *Jurisprudence.* — Le Tribunal civil d'Aurillac, par jugement du 17 janvier 1927 (Rec. Sirey 1927. 2. 85) a jugé que, pour avoir droit à l'indemnité d'enrichissement, il ne suffit pas que le locataire évincé fasse la preuve que la clientèle et l'achalandage, qu'il a créés, ont augmenté la valeur de son fonds de commerce dans l'immeuble repris, mais qu'il doit établir que le successeur tire un avantage de cet accroissement de clientèle et d'achalandage, preuve qui ne peut être faite utilement que par une expertise au cours de la deuxième année d'exploitation.

567-3. Règles de procédure. Prescription de l'action. — Lorsqu'une indemnité d'enrichissement est due, les règles de procédure posées par l'article 4 de la loi ne sont pas applicables. Celles-ci ne concernent, en effet, que les demandes en payement d'une indemnité d'éviction. Il n'y a pas lieu à la tentative de conciliation.

Observons qu'en vertu de l'article 10 de la loi, l'action en payement d'une indemnité d'enrichissement sera prescrite au bout des deux années qui suivront les faits lui donnant naissance. Sur le point de départ du délai de deux ans, les règles du droit commun s'appliqueront.

<hr>

CHAPITRE IV

INDEMNITÉ DE PLUS-VALUE.

<hr>

569-1. Cas de l'article 6 : bailleur propriétaire des lieux et du fonds. — Lorsque le bailleur est à la fois propriétaire des lieux qui servent à l'exploitation du fonds et de ce fonds lui-même, il n'est tenu, en cas de reprise, qu'au payement d'une indemnité de plus-value.

Même, dans cette hypothèse, cette indemnité n'est pas due lorsque le propriétaire exige la remise des lieux dans l'état où ils étaient avant l'entrée en jouissance ou si le locataire doit, aux termes de son bail, laisser au propriétaire, sans indemnité, les améliorations qu'il a faites dans l'immeuble.

569-2. *Jurisprudence.* — Il a été jugé ...par le Tribunal civil de Grenoble (jugement du 31 mars 1927, Journ. Grenoble, 1927. 90) que, dans le cas où le bailleur d'un immeuble à usage commercial est en même temps propriétaire du fonds de commerce, le locataire ne peut prétendre à une indemnité que si le propriétaire profite de la plus-value apportée aux lieux par suite des aménagements effectués ; ...par la Cour de Rennes (arrêt du 20 juin 1927. Gaz. Pal. 1927. 2. 344) que, dans le cas de l'article 6 (bailleur propriétaire des lieux et du fonds), le bailleur ne doit une indemnité qu'à concurrence du profit retiré par la plus-value résultant des aménagements effectués et qu'il peut échapper à son payement en exigeant la remise des lieux dans leur état primitif ; ...par la Cour de Douai (arrêt du

26 juillet 1927. Juris. Douai, octobre 1927), que le locataire est sans droit à l'indemnité de plus-value, si son bail l'obligeait à laisser au propriétaire les améliorations faites dans les lieux.

569-3. Cas de l'article 7 : bailleur ordinaire exerçant son droit de reprise. — Dans cette hypothèse, ce sont les mêmes règles qui doivent être suivies pour la fixation de l'indemnité. Celle-ci ne peut être, du reste, appréciée, qu'à l'expiration du bail, car c'est seulement à cette époque que l'attitude du propriétaire fixe les droits du locataire.

569-4. *Jurisprudence.* — Le Tribunal civil d'Aurillac (jugement du 17 janvier 1927. Rec. Sirey. 1927. 2. 85) a jugé que la plus-value due par le propriétaire qui reprenait pour un usage commercial les locaux dans lesquels un commerçant avait fait des impenses ne pouvait être appréciée qu'en fin de bail.

Le Tribunal civil de Bourg (jugement du 18 février 1927, La Loi, 30 juin 1927) a décidé que l'indemnité de plus-value, en cas de reprise par le propriétaire sans remise des lieux en état, ne peut être supérieure au profit que le propriétaire retire de la plus-value donnée à la valeur locative de l'immeuble par suite des aménagements effectués, sans que cette indemnité puisse dépasser le prix de la main-d'œuvre et des matériaux employés.

569-5. Procédure. — Qu'il s'agisse de l'hypothèse de l'article 6 ou de celle de l'article 7, la demande en indemnité de plus-value n'est pas soumise aux règles de procédure posées par l'article 4, qui ne vise que l'indemnité d'éviction.

Même en cas de reprise de l'article 5, l'action n'a pas à être introduite dans la quinzaine de la notification de reprise signifiée par le propriétaire. Elle ne naît, en effet, que si le propriétaire n'exige pas la remise des lieux en état et, à moins qu'il n'ait, dans sa notification, manifesté cette intention, on ne comprendrait pas que le locataire puisse demander au tribunal de sanctionner un droit qui est encore incertain.

L'action se prescrit par deux années, en vertu de l'article 10 de la loi.

CHAPITRE VI

DROIT D'OPTION DU PROPRIÉTAIRE.

580-1. Caractère définitif de la rétractation du propriétaire. —
Lorsque le propriétaire, en vertu de l'article 8, § 4, entend se soustraire
au payement de l'indemnité et accepte de consentir un nouveau bail,
son changement d'attitude est-il définitif et irrévocable ? Ne lui
est-il plus possible, après avoir été devant les arbitres, de repousser
le bail nouveau et de payer alors l'indemnité qui avait été antérieurement fixée ?

En faveur de l'opinion négative, l'on soutient qu'il ne peut y avoir
un bail que par un accord réciproque sur la chose et le prix et que,
par suite, en acceptant d'aller devant arbitres, le propriétaire ne
consent pas un bail. L'on ajoute que, du reste, son obligation, comme
toute obligation de faire, ne peut se résoudre qu'en dommages-intérêts et, enfin, que la loi n'a jamais voulu forcer l'une des parties,
locataire ou propriétaire, à se lier par un contrat dont les éléments
sont encore indéterminés.

Ces arguments ne sont pas décisifs.

Le propriétaire peut, d'abord, s'engager d'une manière ferme et
absolue à passer un bail à des conditions qui seront arbitrées par des
tiers. Il peut s'incliner par avance devant leur décision, et son engagement, donné dans ces conditions, est parfaitement valable.

Cet engagement, du reste, peut parfaitement recevoir une exécution directe. L'arbitrage peut se poursuivre en dehors du propriétaire. La loi prévoit même qu'il en est ainsi dans le cas du propriétaire défaillant. Lorsque les arbitres auront donné leur avis et que les
conditions seront définitives, rien n'empêchera le locataire de poursuivre l'exécution du bail obtenu si l'on admet que le propriétaire
par avance s'est engagé à le signer. Il s'adressera au tribunal pour
voir dire que le jugement vaudra bail et aura l'assistance de la force
publique pour faire exécuter la décision rendue. La résistance du
propriétaire ne se traduira donc pas nécessairement par une indemnité.

Enfin, si la loi, en général, veut que les parties soient éclairées
sur toutes les modalités du nouveau bail avant de le signer, elle
paraît précisément admettre le contraire lorsque le propriétaire

use de son droit de rétractation pour échapper au payement de l'indemnité.

L'article 4, § 4, stipule, en effet, que le propriétaire pourra se soustraire au payement de l'indemnité « *à charge de consentir au renouvellement du bail, dont les conditions, en cas de désaccord, seront fixées conformément aux règles de l'article 3* ».

Dans cette disposition, le consentement du propriétaire est pur et simple : il ne s'agit pas d'une acceptation de principe, analogue à celle qui se produit lorsque les parties comparaissent, pour la première fois, devant le magistrat conciliateur. Le texte précise qu'en cas de désaccord sur les conditions, les règles de l'article 3 seront appliquées, c'est-à-dire qu'il sera procédé à un arbitrage conformément aux modalités habituelles, mais cela ne diminue en rien la force du consentement donné par le propriétaire.

Il est donc permis de penser, en interprétant le texte d'une façon littérale, que, dans ces conditions, après avoir usé de son droit de repentir, le propriétaire ne pourrait plus se refuser à signer le bail aux conditions fixées par les arbitres, et qu'une décision de justice pourrait donner au locataire un titre tenant lieu de bail.

Cette conclusion présente cependant un caractère choquant.

Si, en effet, le propriétaire a d'abord accepté en principe, puis si, après avoir fixé les conditions du bail, il s'est refusé à le signer, ce qui a conduit le locataire à réclamer une indemnité d'éviction, le propriétaire, une fois cette indemnité fixée, se trouve en présence de deux solutions parfaitement déterminées entre lesquelles il doit choisir : payer l'indemnité évaluée par le tribunal ou signer le bail dont les conditions sont connues.

Si, au contraire, le propriétaire a commencé par refuser le renouvellement, ce qui a entraîné la fixation de l'indemnité, et si, usant alors de son droit d'option, il préfère consentir un bail, il se trouverait privé, en vertu de la thèse ci-dessus exposée, de cette faculté de choisir, à un moment donné, entre les deux solutions que la loi semble avoir toujours voulu mettre à sa disposition.

La jurisprudence devra trancher la difficulté qui se résume en un conflit entre le sens littéral du texte et l'esprit général de la loi.

580 2. Perte du droit d'option en cas d'expulsion du locataire. — Pour que le droit d'option puisse jouer, il faut nécessairement que le propriétaire ait la possibilité de consentir un nouveau bail succédant sans interruption au bail précédent.

Si le locataire a été expulsé, au cours de l'instance, à la requête du propriétaire, ce dernier, de ce fait, perd le bénéfice de son droit d'option car le nouveau bail qu'il offrirait de signer aurait déjà couru pendant une période où le locataire n'avait pas la jouissance des lieux. Il ne peut donc, après avoir exigé le départ de son locataire, se refuser à lui payer l'indemnité fixée par le tribunal.

Au contraire, si le locataire est parti volontairement, cela ne saurait priver le propriétaire de son droit d'option. (Voir *infra*, n° 583-3.)

CHAPITRE VII

PAYEMENT DES INDEMNITÉS.

581-1. Cas de l'indemnité due pour offre excessive. — Dans ce cas, l'article 3 § 5, de la loi du 30 juin 1926, dispose que l'indemnité « *sera à la charge du nouvel occupant et versée par lui avant son entrée en jouissance, faute de quoi le propriétaire sera tenu du payement* »). Voir pour l'application de cette disposition *infra*, n° 583-13.)

581-2. Autres cas d'indemnité d'éviction. — Dans les autres cas, lorsqu'une indemnité d'éviction est due, la loi ne règle pas son mode de payement.

Pendant la période transitoire, des dispositions ont été prises pour qu'elle soit versée, à titre provisionnel, entre les mains d'un séquestre ou du locataire évincé. (Voir *infra*, n°s 583-41 et s.) En période normale, l'indemnité sera souvent réglée après le départ du locataire, car les tribunaux, jusqu'à présent, n'admettent pas le droit de rétention au profit du locataire dont le droit à indemnité est reconnu. (Voir sur cette question, *supra*, n° 587 et *infra*, n° 583-4 et s.)

581-3. Absence de formalités lors du règlement des indemnités. — La question s'est posée de savoir si, lors du payement de l'indemnité d'éviction, ou même des autres indemnités prévues par la loi, le bailleur devait remplir les formalités prescrites par l'article 14 de la loi du 17 mars 1909. Doit-il, comme en cas de résiliation de bail, faire une notification aux créanciers inscrits et le payement serait-il irrégulier, s'il intervenait avant le délai d'un mois à partir de cette notification ?

Nous ne le pensons pas. La loi elle-même n'a entouré le versement des indemnités d'aucune publicité quelconque et il n'est pas possible de suppléer à son silence en invoquant d'autres dispositions légales.

La loi du 17 mars 1909, dans son article 14, n'envisage que « la résiliation » du bail. Or, l'indemnité d'éviction n'est pas une indemnité de résiliation et le propriétaire ne poursuit pas la résiliation d'un bail en refusant « le renouvellement » à son locataire.

L'indemnité est égale au préjudice causé : elle correspond à des dommages-intérêts, mais non à la valeur du fonds, ni même à celle du droit au bail.

Sans doute, les créanciers du commerçant seront lésés par un versement direct qui préjudicierait à leurs droits, mais il leur est loisible de l'éviter en faisant une saisie-arrêt entre les mains du propriétaire.

Dans ces conditions, il n'apparaît pas que le propriétaire commette une faute quelconque en versant directement à son locataire le montant de l'indemnité à laquelle il a été condamné.

582-2. Les créanciers nantis ont-ils un droit préférentiel sur l'indemnité d'éviction ? — Cette question a été examinée par la doctrine, mais à notre connaissance, n'a pas encore été soumise aux tribunaux. Elle présente un intérêt pratique évident.

M. Pierre Marin, avocat à la Cour de Nancy (Les Lois nouvelles, nº 3 du 1er février 1928) et M. Paul Esmein, professeur à la Faculté de Droit de Poitiers (Semaine Juridique, 1928, p. 65), admettent, pour des raisons quelque peu différentes, que les créanciers inscrits sur le fonds de commerce conservent leur privilège sur l'indemnité d'éviction.

Cette question est particulièrement délicate et les arguments donnés par ces deux auteurs ne nous paraissent pas décisifs.

Il y a un premier point certain, sur lequel l'accord est facile à réaliser : c'est que le droit de préférence du créancier nanti n'est pas automatiquement reporté sur l'indemnité, comme cela se produit en cas de vente.

Dans ce dernier cas, le droit de préférence se prolonge sur le prix de la chose, quel que soit le privilège dont la chose était grevée. Mais l'indemnité d'éviction ne correspond pas au prix du fonds de commerce, ni à la valeur du droit au bail qui en constitue souvent l'élément essentiel : elle représente simplement la réparation du préjudice subi par le commerçant.

Le droit de préférence étant insuffisant à sauvegarder le privilège des créanciers nantis, les auteurs précités font appel à la subrogation réelle, dont la loi fait des applications nombreuses. Il nous est impossible d'examiner ici en détail les diverses théories sur la subrogation réelle et de rechercher leur fondement juridique. Signalons à cet égard un *Essai d'une théorie générale de la subrogation* de M. Demogue (Rev. Critique, 1901, p. 296 et s.), un *Essai sur la subrogation réelle* de M. Capitant (Revue trim. de Droit civil, 1919, p. 385 et suiv.) et le *Traité pratique de Droit civil et français*, de MM. Planiol et Ripert (t. III, p. 30 et suiv.).

Les théories modernes sur la subrogation tendent à s'écarter de la conception classique qui n'admet la subrogation que pour les biens compris dans une universalité juridique. C'est ainsi que MM. Planiol et Ripert qui fondent la subrogation sur la notion d'affectation l'étendent à des hypothèses où aucun texte n'en prévoit l'application et sans faire intervenir l'idée d'universalité. Ils admettent que toute indemnité de responsabilité due en vertu des articles 1733 et 1382 du Code civil remplace le bien grevé du p ivilège, dans le patrimoine du propriétaire de la chose et permet aux créanciers privilégiés, hypothécaires ou gagistes, d'exercer sur elle leurs droits.

Si l'on adoptait cette thèse, il faudrait reconnaître aux créanciers inscrits sur le fonds de commerce, le droit de se faire attribuer l'indemnité d'éviction, car cette indemnité est la réparation d'une faute que commet le propriétaire en refusant le renouvellement.

La jurisprudence ne l'a pas encore consacrée et lui paraît plutôt contraire.

Jusqu'à présent, l'indemnité due à raison de la perte ou de la détérioration d'une chose n'est pas de plein droit substituée à cette chose pour l'exercice des privilèges, hypothèques ou autres droits qui la grevaient (Repertoire Pratique Dalloz, Privilèges et Hypothèques, n° 1031 et suiv.).

Pour écarter ce principe, des dispositions spéciales ont été nécessaires, notamment en cas d'indemnité d'expropriation (Loi du 3 mai 1841, art. 18), en cas d'indemnité d'assurances (Loi du 19 février 1889, art. 2 et 3).

Ces dispositions nous inclinent à penser que l'impossibilité de substituer l'indemnité au bien détruit ou diminué reste encore la règle généralement applicable, et que, dans le domaine de la loi du 30 juin 1926, il faudrait un texte particulier pour autoriser les créanciers inscrits sur le fonds de commerce à faire valoir leur privilège sur l'indemnité d'éviction.

Il n'en pourrait être autrement que si la jurisprudence, dans la controverse doctrinale actuelle, prenait parti pour la conception nouvelle du droit de subrogation.

582-3. Droits d'enregistrement. — L'indemnité d'éviction doit-elle être assimilée à une indemnité de résiliation de bail et soumise aux mêmes droits d'enregistrement que cette dernière ? La question est importante, parce que le taux de l'indemnité de résiliation de bail est, en ce moment, l'objet d'une controverse. Au lieu de percevoir un droit proportionnel de 0 fr. 75 %, dû pour l'enregistrement des actes constatant le payement d'une indemnité mobilière, l'Administration de l'Enregistrement prétend percevoir le droit proportionnel de 12 %, institué en matière de cession de bail, par l'article 34 de la loi du 13 juillet 1925, reproduit au paragraphe 19 de l'article 271 du décret de codification du 28 décembre 1926 (*J. Of.*, du 1ᵉʳ janvier 1927, Bulletin législatif Dalloz, 1926, p. 1144). Cette controverse, actuellement soumise au Tribunal civil de la Seine, a été tranchée contre l'Administration par une décision du Tribunal civil de Lyon du 22 juin 1927 (Gaz. Pal. 1927. 2. 781).

Elle ne paraît pas devoir s'élever à propos de l'indemnité d'éviction, car l'Enregistrement, jusqu'à présent, l'assujettit au droit proportionnel de 4,50 % qui frappe, aux termes du paragraphe 14 de l'article 271 du décret de codification susvisé, « les dommages-intérêts prononcés par les tribunaux de première instance, les arbitres et les cours d'appel en matière civile ou commerciale et les juridictions criminelles ou correctionnelles ».

Ce droit est élevé, mais il semble régulièrement perçu, car l'indemnité d'éviction présente bien le caractère d'une réparation du préjudice causé par le refus de renouvellement du bail.

TITRE V

Départ du locataire.

DIVISION DU PROBLÈME.

583-1. Distinction entre la période normale et la période transitoire. — Le départ du locataire et les questions qui se posent à ce sujet sont d'une importance toute particulière. La loi du 30 juin 1926 ne les règle pas et deux interventions successives du législateur ont déjà été nécessaires pour remédier, à cet égard, à l'insuffisance du texte ordinaire.

Les modifications qui ont été ainsi apportées, par les lois des 22 avril 1927 et 27 mars 1928 n'ont qu'une portée limitée dans le temps. Elles ne s'appliquent qu'aux commerçants dont les baux sont venus à expiration avant le 30 juin 1928.

Dans ces conditions, il convient d'examiner le problème du départ du locataire, en période normale d'application de la loi et pendant la période transitoire créée par des lois spéciales.

CHAPITRE PREMIER

PÉRIODE D'APPLICATION NORMALE DE LA LOI.

583-2. Position et intérêt du problème. — Normalement, le locataire fera sa demande au moins dix-huit mois avant l'expiration de son bail ou de sa prorogation. Pendant le délai restant à courir, le locataire se maintiendra en possession des lieux, en vertu du contrat ou de la prorogation, et la plupart des conflits judiciaires auront eu le temps de se terminer. Tous, néanmoins, ne seront pas réglés. Le magistrat conciliateur, en effet, ne peut être saisi que deux mois après la demande, c'est-à-dire qu'il ne restera souvent plus que seize mois lorsque les parties comparaîtront devant lui. S'il est, d'abord, procédé à un arbitrage, et que le propriétaire refuse ensuite le nouveau bail et oblige le locataire à l'assigner en fixation d'une indemnité, il sera presque toujours impossible que le tribunal et, le cas échéant, la cour d'appel aient statué définitivement dans ce court délai.

D'autre part, lorsque le bail sera dénoncé ou résilié par le jeu d'une clause insérée au contrat, le locataire se trouvera du jour au lendemain sans titre conventionnel pour rester en possession des locaux.

La question du départ du locataire se pose ainsi tant en période d'application régulière de la loi que pendant la période transitoire. Il faut donc préciser les droits du locataire lorsque la demande en indemnité d'éviction sera encore en cours à la date de l'expiration du bail ou de la prorogation légale qui l'aura suivie.

Certaines règles spéciales concernent le cas du locataire qui quitte les lieux par suite d'une offre excessive d'un tiers. Elles seront exposées après l'examen du cas général.

§ I. — *Cas général.*

583-3. Départ volontaire en cours d'instance. — Il est possible qu'au cours de l'instance en fixation de l'indemnité d'éviction, le locataire, sans être en butte à des poursuites d'expulsion, veuille quitter ses locaux pour transporter ailleurs son exploitation. Dans cette hypothèse, quels seront les droits des parties ?

Il paraît naturel d'admettre, pour le locataire, le droit de ne pas rester en la possession d'un local dans lequel il se maintient sans titre, par la simple tolérance du propriétaire qui lui a refusé le renouvellement de son bail.

Sans doute, le propriétaire possède un droit d'option qui lui permet d'échapper au payement de l'indemnité en consentant un nouveau bail. Mais ce droit n'oblige pas plus le locataire à rester en possession jusqu'à la fixation de l'indemnité qu'il n'astreint le propriétaire à conserver son locataire jusqu'à ce moment-là.

Lorsque le locataire n'a plus de titre et qu'un refus est opposé à sa demande de renouvellement de bail, il ne commet aucune faute en quittant les lieux.

Il ne semble donc pas que le principe de son droit à indemnité puisse être compromis par ce départ, auquel le propriétaire ne peut s'opposer. Le montant du préjudice subi pourra néanmoins être diminué par le transfert de l'exploitation dans d'autres locaux. Dans cette mesure, le départ du locataire exercera une influence sur l'indemnité.

Ce départ ne privera pas le propriétaire de son droit d'option. Ce droit ne peut être exercé qu'après la fixation de l'indemnité et on ne peut obliger le propriétaire à prendre parti avant. S'il consent un nouveau bail, le locataire pourra revenir dans les lieux. Le propriétaire ne pourra ainsi user de son droit d'option que s'il a conservé les locaux vacants.

Au contraire, si le locataire avait été expulsé à la requête du propriétaire, celui-ci perdrait son droit d'option. (Voir *supra*, n° 580-2.)

583-4. Cas des poursuites du bailleur. Problème du droit de rétention. — Si le propriétaire veut, sans attendre l'issue du procès, poursuivre l'expulsion de son locataire, en a-t-il le droit ? Cette question présente un aspect théorique et un côté pratique.

Théoriquement, elle pose le problème du droit de rétention. Le locataire n'a plus de titre conventionnel ; son contrat est expiré ; sa prorogation légale, par hypothèse, l'est aussi. La loi du 30 juin 1926 ne lui donne pas expressément le droit de se maintenir dans les lieux. Mais nous estimons que, dans certains cas, les principes généraux du droit suffisent pour lui assurer le maintien en possession jusqu'au versement de l'indemnité. (Voir sur cette question *supra*, n°ˢ 587 et s.)

Le droit de rétention est une garantie de droit commun, d'application générale et assurant à tout créancier la possession d'une chose appartenant à son débiteur, lorsqu'il existe un lien de connexité entre la créance et la chose retenue (voir Guillouard, *Traité du Droit de rétention*, p. 268 et s. ; Répertoire Pratique Dalloz, Rétention, n°ˢ 19 et s.).

Pour que le droit de rétention puisse jouer, il faut que la créance soit exigible, mais il n'est pas nécessaire qu'elle soit en outre liquide. (Voir Guillouard, *loc. cit.*, p. 333.)

Cette condition limite l'application du droit de rétention aux seuls cas dans lesquels le principe d'une indemnité apparaît incontestablement au profit du locataire.

Si, au contraire, la loi ne lui donne pas un droit certain, indiscutable à l'indemnité, le droit de rétention ne jouera pas.

Lorsque le principe de l'indemnité est discuté, le juge des référés appréciera le caractère de la contestation ; si celle-ci n'est pas sérieuse et que le droit à indemnité lui paraisse évident, le droit de ré-

tention doit recevoir application. Dans le cas contraire, il sera
écarté.

583-5. Discussion. — Le droit de rétention n'a pas été accueilli
par les tribunaux. On lui oppose divers arguments qui ne nous paraissent pas décisifs.

L'on soutient d'abord qu'il n'est pas consacré par la loi du 30 juin
1926. Cela est exact, mais ne suffit pas pour l'exclure. Dès l'instant que
l'on admet que la loi du 30 juin 1926 est une loi de droit commun, et
que le droit de rétention est une garantie générale de droit commun
applicable lorsque certaines conditions sont réunies, il n'y a aucune
raison de l'écarter si, à propos de la loi du 30 juin 1926, ces conditions se rencontrent précisément.

L'on ajoute que l'article 18 *bis* de la loi du 30 juin 1926, qui accorde
des délais spéciaux aux locataires (Voir *infra*, nᵒˢ 583-23 et s.) prouve
que le droit de rétention n'existait pas. Il est facile de répondre que
le législateur a voulu protéger tous les commerçants et notamment
ceux qui étaient menacés d'expulsion par suite de l'exercice du droit
de reprise. Or, le droit de rétention n'est applicable que lorsque la
créance est certaine, c'est-à-dire dans un nombre excessivement
limité de cas, puisqu'il suppose que le propriétaire n'invoque aucun
des moyens de refus prévus par la loi. En cas de reprise il ne peut
donc être admis.

Les travaux préparatoires de la loi du 22 avril 1927 sont également
invoqués à l'encontre du droit de rétention, et spécialement le fait
que le Parlement a repoussé une proposition de loi de M. Louis Rollin
(nᵒ 3424 annexé au procès-verbal de la séance de la Chambre des
députés du 12 novembre 1926) tendant à maintenir les locataires
en place tant que le juge du principal était saisi.

Cela est exact, mais cette proposition de loi, par sa formule trop
large, rendait possibles tous les abus. Elle n'avait aucun rapport
avec le droit de rétention. Son rejet ne prouve pas que le législateur
ait voulu condamner ce droit qui exige, comme première condition,
le principe d'une créance certaine et exigible et dont les conséquences
sont toutes différentes de celles résultant de la proposition Rollin.

Le caractère personnel du droit à indemnité est également opposé
au droit de rétention. Il est exact de dire que la créance du locataire
est purement mobilière et que la loi du 30 juin 1926 n'a conféré aucun
droit réel au preneur. Cela n'est pas contestable, mais cela n'exclut
pas le droit de rétention.

Ce droit garantit, en effet, les créances purement mobilières ; il
ne concerne qu'elles et ne donne pas un caractère réel à la créance

personnelle qu'il a pour but de sauvegarder. Chaque fois que le droit de rétention s'applique, que ce soit dans l'un des cas prévus par le Code ou dans l'une des hypothèses consacrées par la jurisprudence, le droit du créancier est simplement mobilier. C'était donc seulement appliquer une jurisprudence constante à un cas nouveau que d'étendre le droit de rétention à l'indemnité d'éviction.

Un argument d'ordre uniquement juridique est, enfin, dirigé contre le droit de rétention. Ce droit exige un lien de connexité entre les créances et la chose retenue. Or, il n'y aurait pas, dit-on, de connexité entre le droit à indemnité et les locaux dans lesquels le commerçant désirerait se maintenir.

Cette affirmation paraît inexacte. Le droit à indemnité est né du bail lui-même, dont l'objet était d'assurer la jouissance des locaux. Il y a donc une connexité certaine entre les locaux et le droit au renouvellement, puisque ce dernier n'existerait pas si la jouissance des lieux n'avait pas été concédée.

Les espèces dans lesquelles le droit de rétention est le plus généralement appliqué présentent, il est vrai, un lien plus étroit de connexité ; mais dans le cas du fermier évincé par l'acquéreur, prévu à l'article 1749 du Code civil, la connexité n'est pas plus solide que dans le cas du commerçant évincé en fin de bail. (Voir Guillouard, *loc. cit.*, p. 36.) L'analogie est grande entre les deux cas et les mêmes principes devraient s'appliquer.

583-6. *Jurisprudence.* — La jurisprudence est nettement défavorable au droit de rétention.

Citons parmi les décisions l'ayant repoussé : un arrêt de la Cour de Grenoble du 21 janvier 1927 (Journ. Grenoble 1927. 16), un arrêt de la Cour de Montpellier, du 30 mai 1927 (Mon. Jud. Midi, 15 juillet 1927), un jugement du Tribunal civil de la Seine du 20 octobre 1927 (Gaz. Pal. 1928. 1. 5 et la note), un autre jugement du même tribunal en date du 28 novembre 1927 (Rev. Loyers, 1928. 186) et un arrêt de la Cour de Paris du 18 février 1928 (Rev. Loyers, 1928. 203).

Certaines décisions, il est vrai, n'ont pas statué dans des espèces qui auraient permis d'appliquer la théorie du droit de rétention, ce qui diminue leur portée. C'est ainsi que dans l'arrêt précité de la Cour de Paris, le locataire n'avait qu'un droit « éventuel » à indemnité.

Or, il faut un droit certain pour que le droit de rétention puisse jouer.

La Cour de cassation a également repoussé le droit de rétention, mais dans des hypothèses où le droit du commerçant n'était qu'éventuel.

Dans un arrêt de la Chambre civile du 2 février 1928 (Gaz. Pal. 1928. 1. 312 ; D. H. 1928. 113) nous lisons en effet : « Considérant que la loi du 30 juin 1926 qui n'a voulu instituer, au profit des locataires commerçants, aucune nouvelle prorogation de leur bail au delà du terme consenti, n'a pas davantage entendu assortir d'une sûreté particulière consistant en un droit de se maintenir dans les lieux précédemment loués, la créance purement mobilière dont elle leur confère le bénéfice éventuel ; — que le locataire, à qui le bailleur refuse un nouveau bail ne saurait donc se refuser lui-même à déguerpir après l'expiration de son contrat ou de la prorogation concédée par une loi antérieure ».

L'on peut répondre que le droit de rétention n'est pas une « sûreté particulière », mais une sûreté de droit commun garantissant les créances « purement mobilières » à condition que le droit de créance ne soit pas « éventuel », ce qui était le cas dans l'espèce soumise à la Cour suprême.

De même, la Chambre des Requêtes, par un arrêt du 3 avril 1928 (Gaz. Pal. 1928. 1. 805), a condamné le droit de rétention dans une espèce où le droit à indemnité n'était qu'éventuel, ainsi que cela résulte du motif suivant : « Attendu que la loi du 30 juin 1926, en conférant éventuellement le bénéfice d'une indemnité d'éviction au locataire dont le bail n'est pas renouvelé n'a pas assorti cette créance mobilière éventuelle d'une sûreté particulière consistant dans le droit de se maintenir dans les lieux précédemment loués... »

Ces deux arrêts de la Cour de cassation ne mettent pas un point final au débat. La discussion reste ouverte. Elle doit se terminer en faveur du droit de rétention.

583-7. Expulsion par voie de référé. Tentative de conciliation. — Lorsque le bail est expiré le locataire n'a plus de titre. Le propriétaire peut poursuivre l'expulsion par voie de référé (Voir *supra*, nºˢ 17 et 17 *bis*), à moins que le droit de rétention ne soit admis, ce qui maintiendrait en possession les locataires susceptibles de s'en prévaloir.

L'expulsion est-elle subordonnée à une tentative de conciliation ?

La question se posera presque uniquement en cas de bail dénoncé ou résilié de plein droit. Dans ces cas, le locataire est brusquement privé de son titre, mais la loi du 30 juin 1926 lui accorde un délai de trente jours pour en demander le renouvellement. L'instance au principal ne peut être engagée sans la comparution des deux parties devant le président. Le propriétaire, dans les cas qui nous occupent, peut-il obtenir l'expulsion avant le délai d'un mois accordé au locataire pour formuler sa demande et sans se soumettre à une tentative de conciliation ?

Nous le croyons.

La tentative de conciliation précède l'instance au principal que le locataire introduira pour faire valoir ses droits. Elle est indépendante de l'expulsion du locataire devenu sans titre.

Le magistrat conciliateur, en période normale, n'a pas le pouvoir d'accorder des délais quelconques. Il ne peut le faire que durant la période transitoire. (Voir *infra*, n°⁸ 583-23.) Le locataire ne peut donc s'adresser à lui pour être maintenu en possession.

D'autre part, la loi du 30 juin 1926 n'accorde pas au locataire la faculté de rester dans les lieux jusqu'à ce qu'il ait été statué sur ses droits, ni même jusqu'à ce que sa demande de renouvellement soit formée (sous réserve du droit de rétention, si la jurisprudence le consacrait).

Le texte de la loi ne permet pas au locataire de s'opposer à l'expulsion soit en invoquant le délai de trente jours, soit en se fondant sur le caractère obligatoire de la tentative de conciliation. Il ne peut invoquer que les termes généraux de l'article 1244 du Code civil dont l'application est discutable. (Voir *infra*, n°⁸ 583-37 et s.)

583-8. Expulsion par demande reconventionnelle. — Très souvent, le propriétaire demande l'expulsion de son locataire par voie de conclusions reconventionnelles en réplique à la demande en indemnité d'éviction dont il est l'objet.

Presque toujours les tribunaux ont accueilli de semblables conclusions, mais elles semblent pourtant irrecevables.

La demande en expulsion est indépendante de la demande en indemnité et n'en constitue pas la défense. Le succès de l'une n'est pas lié à l'échec de l'autre. Entre elles, il n'y a pas de connexité ; chacune a un objet nettement distinct et les principes de droit qui leur sont applicables sont absolument différents.

D'autre part, la demande en indemnité est soumise à des règles spéciales de procédure : délai d'appel réduit à quinze jours de la signification, audience spéciale à la cour.

On ne voit pas de motif pour étendre ces dispositions spéciales à l'instance en expulsion qui est une instance de droit commun.

Dans ces conditions, deux demandes principales paraissent nécessaires, sur lesquelles le tribunal statuerait par deux jugements distincts.

583-9. *Jurisprudence.* — Le Tribunal civil de la Seine, par déci-

sion du 2 décembre 1927 (Rev. Loyers 1928. 176) a jugé que la demande en validité de congé et en indemnité d'occupation n'était pas
recevable par voie de conclusions, car elle ne présentait aucun lien
de connexité avec l'action principale.

**583-10. Exécution provisoire du jugement qui ordonne l'expul-
sion.** — Lorsque le propriétaire demande l'expulsion de son locataire
au principal, et que sa demande est accueillie, il peut obtenir l'exécution provisoire avec ou sans caution. L'article 135 du Code de
procédure civile autorise, en effet, l'expulsion « lorsqu'il n'y a pas
de bail ou que le bail est expiré ».

583-10. *Jurisprudence.* — Citons parmi les décisions ayant
ordonné l'expulsion, avec exécution provisoire, sur demande reconventionnelle du propriétaire : Trib. civ. Mende, 8 mars 1927 (Gaz.
Pal. 1927. 2. 51) ; Trib. civ. Privas. 16 mars 1927 (La Loi, 2 avril
1927) et du 7 avril (Gaz. Pal. 1927. 2. 214) ; Trib. civ. Montpellier,
24 mars 1927 (Mon. Jud. Midi, 1er juillet 1927) ; Trib. civ. Seine,
16 juin (Gaz. Trib. 10 août 1927), 20 octobre 1927 (Gaz. Pal. 1928.
1. 5) et 22 novembre 1927 (Rev. Loyers 1928. 55) ; Trib. civ. Dijon,
20 novembre 1927 (La Loi, 4 janvier 1928).

583-11. Indemnité d'occupation. — Lorsque le locataire s'est
maintenu en possession des locaux après l'expiration de son bail
ou de sa prorogation légale, il doit incontestablement une indemnité
d'occupation depuis le jour de l'expiration de son titre.

A cet égard, la même question de procédure se pose que pour la
demande d'expulsion. Elle doit être tranchée de la même façon et pour
les mêmes arguments. (Voir *supra*, n° 583-8.) La demande d'expulsion, aussi bien que la demande en indemnité d'occupation, doit faire
l'objet d'une instance spéciale et ne pas être confondue avec la
demande en indemnité d'éviction.

583-12. *Jurisprudence.* — Elle est incertaine. Le Tribunal civil
de la Seine, par jugements des 13 octobre 1927 (Gaz. Pal. 1928. 1.
653), 22 novembre 1927 (Rev. Loyers 1928. 55), et 16 décembre 1927
(Rev. Loyers 1928. 131), a alloué des indemnités d'occupation sur la
demande reconventionnelle du propriétaire.

Au contraire, le Tribunal civil de Caen, par jugement du 4 juin
1927 (Sem. Juridique 1928. 269) et le Tribunal civil de la Seine, par
jugements des 28 novembre 1927 (Rev. Loyers 1928. 184) et 2 décembre 1927 (Rev. Loyers 1928. 176) ont repoussé des demandes

reconventionnelles en indemnité d'occupation. Ils se sont déclarés incompétents pour en connaître, alors qu'il s'agissait, en réalité, d'une question d'irrecevabilité.

§ II. — *Cas d'offre excessive.*

583-13. Situation spéciale du locataire évincé. — Lorsqu'au cours des opérations d'arbitrage, un tiers fait une offre qui est jugée excessive, soit par les arbitres d'accord, soit par le président, soit par la cour saisie du litige, le locataire, qui ne peut accepter un loyer aussi élevé, peut renoncer au renouvellement sollicité.

Dans ce cas, il a droit à une indemnité d'éviction et le paragraphe 8 de l'article 3 stipule : « *Cette indemnité sera à la charge du nouvel occupant et versée par lui avant son entrée en jouissance, faute de quoi le propriétaire sera tenu du payement* ».

Quel est le sens exact de ce texte et quels avantages donne-t-il au locataire ?

583-14. Origine du texte légal. — Les travaux préparatoires ne l'éclairent pas. Il a son origine dans un amendement de M. Cautru déposé à la séance de la Chambre des députés du 3 juin 1925 (*J. O.*, p. 2529).

L'ancien texte était ainsi conçu : « ...Cette indemnité sera à la charge du nouveau locataire sous la garantie du propriétaire ».

M. Cautru proposa : « Cette indemnité sera à la charge du nouvel occupant et versée par lui avant son entrée en jouissance, faute de quoi le propriétaire sera tenu du payement. »

Cet amendement fut accepté par le rapporteur en ces termes : « La commission accepte cet amendement qui est plus complet que son propre texte, bien que le sens soit le même ». Sans autres explications, il fut voté.

L'application pratique du nouveau texte ne fut jamais envisagée. Au Sénat, M. Maraud (Rapport n° 315 du 19 juin 1925, p. 6) note simplement que le propriétaire n'est plus le débiteur direct de l'indemnité, mais que son droit ne s'en trouve pas moins diminué « la perspective d'une indemnité à payer au locataire sortant étant de nature à écarter les offres avantageuses et à limiter indirectement le prix du loyer ».

Le Sénat vote le texte sans préciser davantage sa portée effective.

583-15. Sa portée pratique. — La disposition, dont nous venons de rechercher l'origine, ne permet pas au locataire de rester en possession des lieux jusqu'au payement de l'indemnité par le locataire rentrant.

La loi elle-même prévoit le cas où le nouvel occupant ne paye pas l'indemnité avant son entrée dans les lieux. « *Faute de quoi...* » dit le texte ; cela veut dire faute de versement avant la prise de possession et cela suppose que l'expulsion du locataire peut être poursuivie et obtenue avant le versement quelconque d'une indemnité.

Mais, dans ce cas, le législateur a pris la précaution de mettre à la charge du propriétaire le payement de l'indemnité. Il y a donc une véritable substitution de débiteur. Originairement, c'est le nouveau locataire qui est tenu de payer ; puis c'est le propriétaire qui devient débiteur personnel et direct.

Ce payement laisse au propriétaire un droit de recours contre le nouvel occupant « *à la charge* » de qui l'indemnité a été mise par la loi.

Telle est la conclusion à laquelle nous sommes aujourd'hui amené.

CHAPITRE II

PÉRIODE TRANSITOIRE.

SECTION I. — Durée.

583-16. Double limitation. — La période transitoire, pour laquelle des dispositions spéciales ont été édictées par le législateur, est très courte. Elle est doublement limitée.

L'article 18 *bis* de la loi du 30 juin 1926 débute ainsi : « *Les locataires de bonne foi, dont les baux, au 30 juin 1926, étaient expirés ou n'avaient pas deux ans avant leur expiration, etc....* »

L'article 1er de la loi du 27 mars 1928 est ainsi conçu : « *Pendant le délai d'un an à partir de la promulgation de la présente loi, il sera apporté aux lois des 30 juin 1920 et 22 avril 1927, les dérogations suivantes...* » L'article 2 n'accorde ces dérogations, qui sont ainsi limitées dans le temps à une période comprise entre le 27 mars 1928 et le 28 mars 1929, qu'à « *tout bénéficiaire d'une location à usage commercial ou industriel dont le bail est venu ou viendra à expiration avant le 30 juin 1928* ».

Ainsi la loi du 22 avril 1927, qui a ajouté l'article 18 *bis* à la loi du 30 juin 1926, et celle du 27 mars 1928, prennent en considération la date du 30 juin 1928. Elles ne peuvent être invoquées par les locataires dont les baux se terminent soit à cette date, soit postérieurement.

Pourquoi la date du 30 juin 1928 a-t-elle été choisie ? Le législateur a considéré qu'en période normale, il s'écoulait une durée de deux années entre la date à laquelle le locataire pouvait former sa demande de renouvellement et la fin de son bail, et que ce délai suffisait pour trancher toutes les difficultés avant la sortie du locataire. Il a voulu assurer la même durée à ceux dont le titre (contrat ou prorogation) n'assurait pas une jouissance de deux années à la date de la promulgation de la loi. La pratique a montré que cette durée était souvent insuffisante.

583-17. Assimilation du bail et de la prorogation légale. — Les dispositions transitoires des lois des 22 avril 1927 et 27 mars 1928 ne sont pas applicables aux locataires, dont les baux bien qu'expirés avant le 30 juin 1928, sont prorogés après cette date, par le jeu de la loi du 9 mars 1918.

D'autre part, le mot « bail » ne doit pas être pris dans son sens étroit et il n'a jamais été dans l'esprit du législateur de refuser le bénéfice des mesures qu'il édictait à ceux dont le contrat originaire constituait une location verbale.

Ainsi, les deux lois ne sont pas applicables à ceux dont les contrats de location, prorogés, s'il y a lieu, par l'effet de la loi du 9 mars 1918, expirent à partir du 30 juin 1928.

SECTION II. — Loi du 22 avril 1927.

583-18. Objet. — La loi du 22 avril 1927 contient deux dispositions de nature à exercer une influence sur le départ du locataire pendant la période transitoire : elle a, d'abord, rendu obligatoire la tentative de conciliation ; elle a, ensuite, accordé des délais.

§ 1

583-19. Caractère obligatoire de la tentative de conciliation. — Depuis la loi du 22 avril 1927, la comparution devant le président *« est obligatoire dans tous les cas et quelles que soient les raisons pour lesquelles l'accord n'est pas réalisé ».*

Par cette disposition, le législateur espérait éviter les conflits judiciaires. Il a toujours eu le souci de rapprocher les parties pour que, sous la médiation d'un magistrat, elles puissent s'expliquer sur leurs prétentions.

A cet effet, le législateur a employé les termes les plus généraux qu'il soit possible. « *Dans tous les cas et quelles que soient les raisons* » du désaccord, la comparution devant le président est prescrite.

Est-elle nécessaire dans tous les cas ? Il est évident que les dispositions de la loi ne peuvent être invoquées que par un locataire commerçant ou industriel susceptible de bénéficier de la loi du 30 juin 1926. Elles pourraient l'être aussi par les artisans et les établissements d'enseignement auxquels a été expressément étendue la loi ; un locataire bourgeois ne pourrait s'en prévaloir pas plus que le titulaire d'un bail rural.

Il y a donc une première série de cas dans lesquels la loi du 30 juin 1926 ne peut être invoquée et où il n'y a, par suite, pas lieu à tentative de conciliation.

Il semble, de même, qu'il faille aller plus loin et admettre, pour le juge des référés, la possibilité de prononcer l'expulsion, sans tentative de conciliation lorsque la loi n'est manifestement pas applicable au commerçant ou à l'industriel qui l'invoque. Tel serait le cas d'une demande tardive, d'un commerçant étranger ne rentrant pas dans les exceptions prévues par la loi, d'un fonds de commerce exploité depuis moins de deux ans, du bail d'un tiers ayant date certaine avant le 1ᵉʳ janvier 1923, etc...

Dans ces hypothèses, le droit au renouvellement du locataire sortant n'existe évidemment pas. Si le propriétaire poursuit son expulsion, le juge des référés aura le droit d'apprécier le caractère de la contestation qui sera soulevée devant lui et s'il estime qu'elle n'est pas sérieuse, de passer outre.

Ce n'est là que l'application d'un principe maintes fois consacré par la Cour de cassation.

Ainsi, le juge des référés recherchera si la loi du 30 juin 1926 peut ou non donner des droits au locataire. Chaque fois que, dans cet examen, il aboutira à une solution affirmative et même chaque fois qu'il rencontrera une difficulté de nature à établir le caractère sérieux de la contestation, il renverra les parties à se pourvoir conformément à la loi du 30 juin 1926.

Quand la loi peut jouer, quand le droit à indemnité est possible, la tentative de conciliation est nécessaire.

583-20. *Jurisprudence.* — La Cour de Paris, par deux arrêts, l'un

du 31 mai 1927 (Gaz. Trib. 8 sept. 1927) et l'autre du 20 juillet 1927
(Gaz. Pal. 1927. 2. 568), a décidé que l'existence au profit d'un tiers
d'un bail ayant date certaine avant le 1ᵉʳ janvier 1923 faisait échec
à tout droit au renouvellement au profit du locataire sortant et que,
par suite, ce dernier ne pouvait se prévaloir de la loi du 22 avril
1927, la tentative de conciliation n'étant exigée que si la demande
de renouvellement est possible.

La Cour de Rouen, par arrêt du 18 mai 1927 (D. H. 1927.426)
a jugé que la tentative de conciliation prescrite par la loi du 22 avril
1927 n'était pas obligatoire en cas de refus pour occupation personnelle, car « elle serait sans objet, le propriétaire n'étant tenu
dans ce cas d'aucune indemnité vis-à-vis de son locataire ».

La Cour de cassation (Ch. des Requêtes) par deux arrêts du 6 mars
1928 (Gaz. Pal. 1928. 1. 70. 8 ; D. H. 1928. 197) a rejeté les pourvois
formés contre les deux arrêts précités de la Cour de Paris.

583-21. Effets sur les procédures en cours. — La loi du 22 avril
1927 n'a pas pour effet d'annuler toutes les procédures en cours dans
lesquelles il n'avait été procédé à aucune tentative de conciliation.
Ces procédures se sont simplement trouvées suspendues jusqu'à ce
que la formalité préliminaire ait été remplie.

583-22. *Jurisprudence*. — La Cour de Paris, par arrêt du 20 juillet 1927 (Rev. Loyers 1927. 555) a jugé que la loi du 22 avril 1927
a eu simplement pour effet de suspendre les procédures antérieurement engagées et qu'il suffisait, pour les rendre régulières, que la
tentative de conciliation ait lieu après la promulgation de la loi. La
Cour de Dijon a statué dans le même sens (arrêt du 10 novembre
1927. D. H. 1928. 76).

§ 2

583-23. Délais. — La loi du 22 avril 1927 a accordé des délais aux
commerçants auxquels leur contrat n'assurait pas une jouissance
atteignant le 30 juin 1928.

Ces délais sont de deux sortes.

Si aucune décision judiciaire n'était encore intervenue à la date
de la promulgation de la loi, soit au 24 avril 1927, ou si, à cette date,
la décision rendue n'avait pas encore acquis la force de la chose
jugée, le magistrat conciliateur est dans l'obligation d'accorder un
délai qui ne peut être inférieur à trois mois, ni supérieur à six mois.

Si une décision, ayant acquis la force de chose jugée, avait déjà été prononcée, le président du tribunal en référé, a la seule faculté d'accorder un délai de grâce dont le maximum est de six mois.

583-24. Point de départ. — La loi ne fixe pas le point de départ des délais qu'elle accorde. L'usage s'est établi, dans certains tribunaux, de les faire partir du jour même de l'ordonnance. Cela ne résulte d'aucun texte, ni d'aucun principe de droit commun.

En général, les décisions ne sont susceptibles d'être exécutées qu'après leur signification et souvent les ordonnances de référé reculent à la date de leur signification le point de départ des délais qu'elles octroyent.

583-25. Voies de recours contre les ordonnances. — Les ordonnances rendues en application de la loi du 22 avril 1927 sont susceptibles d'appel dans les termes du droit commun.

L'opposition n'est pas possible lorsque l'ordonnance rendue est une ordonnance ordinaire de référé, ce qui est le cas lorsqu'il existait déjà une décision ayant acquis la force de la chose jugée, car les règles du droit commun écartent l'opposition (art. 809, C. proc. civ.).

S'il s'agit, au contraire, d'une ordonnance du magistrat conciliateur, le juge, conformément à l'article 2 de la loi du 30 juin 1926, prescrira l'assignation de la partie défaillante avant de prononcer défaut et celle-ci « aura droit de faire opposition dans le délai de quinzaine de la signification de l'ordonnance rendue contre elle ».

L'ordonnance est susceptible d'appel, mais la jurisprudence considère que, faute d'intérêt, l'appel est irrecevable lorsque le locataire a obtenu le délai maximum. L'on peut répondre à cet argument que le locataire peut espérer en faire retarder le point de départ et que, par suite, son intérêt est certain.

583-26. *Jurisprudence.* — La Cour de Paris, par arrêts des 13 et 14 décembre 1927 (Gaz. Pal. 1928. 1. 145), a décidé que l'appel interjeté par le locataire d'une ordonnance lui ayant accordé le plus long délai est irrecevable faute d'intérêt.

583-27. Effets sur les instances en cours. — Les délais institués par la loi du 22 avril 1927 suspendent les poursuites d'expulsion qui étaient en cours. Ils obligent à accorder de nouveaux délais, à moins que le locataire n'ait déjà bénéficié d'un délai de six mois.

Il ne paraît pas possible de leur faire produire des effets plus rigoureux.

583-28. *Jurisprudence*. — La Cour de Caen, par arrêt du 9 mai 1927 (Gaz. Pal. 1927, 2, 74), a décidé que le juge doit, quand la procédure est encore en cours, accorder au locataire un délai de grâce de trois mois au moins et de six mois au plus, mais que cependant si, au jour où la Cour statue, il s'est passé plus de six mois depuis l'ordonnance du président, un complément de délai ne peut être accordé.

La Cour de cassation (Req. 11 juin 1928, D. H. 1928, 398), a décidé que lorsqu'une décision sur le fond est intervenue avant la loi du 22 avril 1927, il n'y a pas lieu de renvoyer les parties devant le magistrat conciliateur et que l'article 18 n'a pas à recevoir application lorsque le locataire a déjà obtenu des délais supérieurs à ceux qu'il accorde.

SECTION III. — Loi du 27 mars 1928.

Sous-section I. — *But et caractères généraux.*

583-29. Objet. — La loi du 27 mars 1928 a pour objet de « *réglementer temporairement la situation des locataires commerçants et industriels menacés d'expulsion* ».

Son titre même révèle avec précision son but et ses caractères. Elle se propose seulement de modifier les règles de la loi du 30 juin 1926 en faveur des commerçants et industriels menacés d'expulsion, sans modifier les principes des lois antérieures.

583-30. Caractère temporaire. — « *Pendant le délai d'un an, à partir de la promulgation de la présente loi, il sera apporté aux lois du 30 juin 1926 et du 22 avril 1927, les dérogations suivantes...* » Tel est le début de l'article 1er qui limite dans le temps, d'une manière stricte, l'application de la loi nouvelle.

La loi a été promulguée le 27 mars 1928. Le 28 mars 1929, elle deviendra sans effet.

A partir de cette dernière date, les dérogations qui auront été apportées par elle aux lois des 30 juin 1926 et 22 avril 1927 seront abolies.

Quels seront les effets de cette abolition, sur les instances en cours, formées par application de la loi du 27 mars 1928 ? Des requêtes tendant à l'octroi des délais institués par cette loi auront été déposées, mais certaines peut-être ne seront pas encore venues devant le magistrat conciliateur.

Cette question est délicate. Sans doute, après le 28 mars 1929, les dérogations exceptionnelles n'existeront plus, mais il faut considérer qu'elles ont produit, dans le passé, tous leurs effets. Les commerçants qui, entre le 27 mars 1928 et le 28 mars 1929 remplissent les conditions de la loi nouvelle, ont un droit acquis à se prévaloir de ses dispositions et ce serait porter atteinte à ce droit que de leur refuser le bénéfice de la loi.

Les droits résultant de cette loi ne constituent pas pour eux une simple possibilité ; les délais ne sont pas facultatifs, mais obligatoires ; l'évaluation de l'indemnité d'occupation présente le même caractère. Par suite, propriétaires et locataires qui, avant le 28 mars 1929, ont acquis le droit certain de se prévaloir des règles légales ne sauraient en être privés par une abrogation dont les effets remonteraient dans le passé.

583-31. Caractère rétroactif et caractère d'ordre public. — La loi du 27 mars 1928 déroge aux règles qui existaient avant elles. Elle y ajoute certains éléments et ses effets sont immédiats. Tous les intéressés peuvent aussitôt se prévaloir de ses dispositions. L'exécution des décisions de justice antérieurement rendues, qu'elles aient acquis ou non la force de chose jugée, sera suspendue. La loi ne le dit pas expressément, mais cela résulte sans discussion possible du texte même de ses dispositions. La circulaire du Garde des Sceaux du 3 avril 1928 confirme cette interprétation.

La loi est également d'ordre public quoique aucune de ses dispositions ne prononce l'annulation des engagements contraires qui ont pu être librement conclus avant elle et personne ne s'aviserait de prétendre qu'un accord antérieur, fixant la date du départ du locataire, y ferait échec.

Sous-section II. — Conditions d'application.

583-32. Bénéficiaires de la loi du 30 juin 1296 menacés d'expulsion. — Le texte ne reproduit pas la distinction souvent faite entre le locataire et l'occupant « de bonne foi ». A l'origine, le texte visait « les locataires de bonne foi ». Par la suite, il est devenu « *tout bénéficiaire d'une location à usage commercial ou industriel…* ».

Les bénéficiaires de la loi nouvelle sont nécessairement les mêmes que ceux de la loi du 30 juin 1926.

La loi ne s'applique à eux que s'ils sont menacés d'expulsion.

Si le propriétaire, malgré le refus de renouvellement et l'instance en indemnité, ne tente pas l'expulsion, la loi nouvelle ne jouera pas.

La menace d'expulsion résulte-t-elle simplement de poursuites ou faut-il qu'un titre autorisant l'expulsion ait déjà été obtenu par le propriétaire ?

La seconde interprétation a été donnée au Sénat, par le rapporteur M. Morand, à la séance du 1ᵉʳ mars 1928 (*J. Of.*, p. 380). Ce dernier s'exprimait ainsi : « Qu'est-ce qu'un locataire menacé d'expulsion ? C'est un locataire contre lequel a été pris soit une ordonnance, soit un arrêt d'expulsion ».

Par ailleurs, si de simples poursuites étaient suffisantes, la loi nouvelle pourrait s'appliquer avant que les délais de la loi du 22 avril 1927 aient été accordés. Or, il résulte des travaux préparatoires que ces délais ont été maintenus.

M. Morand disait, en effet, au Sénat, au cours de la séance du 1ᵉʳ mars 1928 (*J. Of.*, p. 382) : « Les délais concédés par la loi du 22 avril 1927 aux locataires dont les baux n'ont pas deux années à courir au 30 juin 1926 ne sont point supprimés par la présente proposition. En conséquence, le locataire qui, aux termes de cette loi, en pouvait bénéficier, ne sera point privé de cet avantage. Mais nous n'avons nullement entendu abroger des textes antérieurement promulgués. Loin de vouloir aggraver la situation du locataire, nous avons voulu, au contraire, l'améliorer et par suite, maintenir tous les droits à eux antérieurement concédés ».

Ce n'est donc seulement qu'après l'octroi des délais de l'article 18 *bis*, c'est-à-dire quand le propriétaire est muni d'un titre l'autorisant à poursuivre l'expulsion à l'expiration des délais accordés à son locataire, que celui-ci pourra utilement avoir recours à la loi du 27 mars 1928.

En pratique, les locataires attendront souvent le dernier moment pour se prévaloir de la loi du 27 mars 1928, et pour les y contraindre, le juge des référés leur accordera un délai et prononcera leur expulsion faute par eux de déposer leur requête dans le délai imparti.

583-33. Bail expirant le 30 juin 1928 ou postérieurement. — Si le commerçant menacé d'expulsion est titulaire d'un bail dont la durée, y compris, s'il y a lieu, celle de la prorogation légale (Voir *supra*, n° 583-17) se termine le 30 juin 1928 ou postérieurement, le bénéfice de la loi lui sera refusé.

C'est ce qui résulte de l'article 2 de la loi qui vise : « *tout bénéficiaire... dont le bail est venu ou viendra à expiration avant le 30 juin 1928...* ».

Sous-section III. — *Modalités d'application.*

§ 1. — **Délais spéciaux.**

583-34. Cas où il y a lieu à indemnité provisionnelle. — Lorsque le magistrat conciliateur estime que le locataire « *ne se trouve pas dans un des cas formellement exclus par la loi du droit à indemnité* » (Voir *infra*, n° 583-42) une indemnité provisionnelle sera fixée et, aux termes de l'article 3 de la loi du 27 mars 1928, l'expulsion du locataire sera autorisée « *dans les trois mois* » qui suivront le jour du versement effectif de cette provision.

Cette expression « dans les trois mois » ne correspond peut-être pas à l'intention du législateur.

Dans le projet voté par le Sénat le 1er mars 1928, l'expulsion pouvait avoir lieu « dans le mois » suivant le versement de l'indemnité.

La Commission de la Chambre y substitua un délai obligatoire d'un mois au minimum, en autorisant l'expulsion « à l'expiration du mois qui suivra » le versement de l'indemnité (Rapport Puech, n° 5746, annexé au procès-verbal de la séance du 6 mars 1928).

A la Chambre des députés, le 15 mars 1928, M. Robaglia proposa un amendement tendant à remplacer les mots « à l'expiration du mois qui suivra le jour » par ceux-ci « dans les trois mois qui suivront le jour » et expliqua son texte en disant : « Mon amendement n'a pas besoin d'être longuement développé. Il a uniquement pour but de prolonger un délai que je trouve trop court. Je crois d'ailleurs que la Commission elle-même trouve ce délai trop court » (*J. Of.*, p. 1876). Malgré la résistance de la Commission, l'amendement fut adopté et le Sénat le ratifia.

Ainsi, dans l'esprit de son auteur et de ceux qui l'ont voté, le texte nouveau, devenu le texte définitif, a voulu allonger un délai qui était d'une durée minimum d'un mois et le porter à trois mois.

Cette intention n'apparaît pas dans la disposition votée, car si le magistrat peut accorder un délai de trois mois au plus, il n'est plus lié par un minimum. Rien ne l'empêcherait d'ordonner l'expulsion quinze jours après le versement de l'indemnité ou même après un plus court délai. Seul un maximum est fixé.

583-35. Cas où il n'y a pas lieu à indemnité provisionnelle. — Si aucune indemnité provisionnelle n'est allouée, le locataire, aux termes du paragraphe 3 de l'article 3 « *sera maintenu dans les lieux loués pour un temps qui ne pourra être supérieur à trois mois, sauf dans les cas visés par l'article 12 de la loi du 22 avril 1927* ».

Ce délai est également obligatoire. Le juge doit l'accorder : mais sa durée n'est pas fixée. Un maximum est bien indiqué, mais non un minimum. Les travaux préparatoires font apparaître que dans l'esprit des deux Chambres le minimum devait être de deux mois (Voir Chambre des députés, séance du 17 mars 1928, *J. Of.*, p. 1725) mais cette intention n'a pas été traduite dans le texte et les magistrats ne seront pas obligés d'en tenir compte.

583-36. Effets de la loi du 22 avril 1927. — Le délai ne peut être supérieur à trois mois « *sauf dans les cas visés par l'article 12 de la loi du 22 avril 1927* ». Cet article 12 est celui qui a ajouté l'article 18 *bis* à la loi du 30 juin 1926. (Voir *supra*, n° 583-23).

Que signifie exactement cette phrase finale de l'article 3 ?

L'interprétation littérale permet deux solutions : l'on peut soutenir que le mot « sauf » exclut la possibilité d'accorder un délai de trois mois, dans les cas visés par la loi du 22 avril 1927 ou bien qu'il signifie que, dans ces mêmes cas, le délai de trois mois peut être dépassé.

Dans les travaux préparatoires, on ne trouve pas d'explications précises, mais simplement le désir de maintenir la loi du 22 avril 1927 à côté de celle du 27 mars 1928. (Voir les déclarations du rapporteur au Sénat, le 1er mars 1928, *J. Of.*, p. 382, rapportées *supra*, n° 583-32).

Dans ces conditions, la loi du 22 avril 1927 étant maintenue, il n'y a pas lieu à application des délais de la loi du 27 mars 1928 lorsque le locataire se trouvera en mesure de bénéficier des délais accordés par la première de ces lois. Ce n'est qu'après l'expiration des délais ainsi obtenus grâce à la loi du 22 avril 1927 que le locataire, se trouvant alors véritablement menacé d'expulsion, pourra se prévaloir de la loi du 27 mars 1928. Les deux lois ne pourront jouer que successivement, la seconde réserve les effets de la première.

583-37. Délais de grâce de l'article 1244 du Code civil. — Même lorsque les délais nouveaux institués par la loi auront été épuisés, le locataire ne sera pas démuni de tout droit : il aura encore la faculté d'invoquer l'article 1244 du Code civil.

L'article 6 de la loi le lui permet dans les termes suivants : « *Dans tous les cas, même après l'expiration des délais concédés aux locataires, soit par les lois successives sur les baux des locaux commerciaux ou industriels, soit par des décisions de justice rendues en vertu de ces lois, le juge des référés pourra exceptionnellement accorder les délais de grâce de l'article 1244 du Code civil, sauf en cas de versement de l'indemnité conformément au paragraphe 2 de l'article 3 de la présente loi ».*

583-38. Bénéficiaires. — La faculté de retourner en référé n'appartiendra ainsi qu'à ceux qui sont « formellement exclus du droit à indemnité ». Les autres locataires auront obtenu l'allocation d'une indemnité provisionnelle ; leur départ aura été subordonné à son versement, et, dans ce cas, la loi les prive de la possibilité de retourner en référé.

583-39. Caractère facultatif du délai de grâce. — Le juge des référés n'est jamais obligé d'accorder des délais de grâce. Il apprécie souverainement les circonstances de la cause.

Le texte contient un adverbe : « *exceptionnellement* », qui a donné lieu à des débats au cours des travaux préparatoires. Le Sénat l'a introduit dans le texte pour bien marquer qu'il s'agissait d'une mesure de faveur, dont l'application était réservée à des cas particulièrement intéressants (Sénat, séance du 17 mars 1928. *J. Of.*, p. 805). La Chambre a craint que ce terme ne restreigne à des cas trop rares l'application du texte qu'elle votait. Une discussion s'est élevée sur sa portée à la séance du 17 mars 1928 (*J. Of.*,p. 1723, 1724 et 1725) et il a été expliqué que ce qui était « exceptionnel », c'était d'étendre à la matière des baux à loyer une disposition du Code civil qui ne les concernait pas. Par dérogation à la règle du droit commun, l'article 1244 pourra recevoir application, même si les circonstances de fait soumises au juge des référés ne sont pas « exceptionnelles ».

Observons que l'ordonnance du juge des référés, contrairement aux règles du droit commun ne sera sans doute pas susceptible d'appel, puisqu'elle aura été rendue conformément à la loi nouvelle. (Voir *infra*, n° 583-54.)

583-40. Déchéance des délais en cas de non payement de l'indemnité d'occupation. — La loi a prévu dans l'article 4 la possibilité pour le propriétaire de poursuivre l'expulsion du locataire, faute par ce dernier de payer aux termes fixés l'indemnité d'occupation évaluée par le juge. (V. *infra*, n° 583-48.)

Dans ce cas, l'expulsion sera possible « *dans le mois qui suivra l'échéance* ».

Un payement tardif empêcherait-il la déchéance d'être encourue ? Les termes stricts de la loi ne semblent pas le permettre. Si la sanction ne joue qu'au cas de retard dépassant la durée d'un mois, ce serait limiter arbitrairement les effets de la disposition légale.

§ II. — *Indemnité provisionnelle.*

583-41. Son objet. — Le législateur a souvent manifesté le désir que la question de l'indemnité soit réglée avant le départ du locataire. Dans son esprit, l'indemnité doit permettre à ce dernier de se réinstaller.

Pour atteindre ce résultat pendant la période transitoire, la fixation d'une indemnité provisionnelle fut imaginée par M. le Sénateur Lugol et votée par les Chambres dans les termes suivants qui constituent les paragraphes 1 et 2 de l'article 3 : « *Le magistrat ainsi saisi, après avoir entendu les parties ou leurs représentants, devra, si le locataire ne se trouve pas dans un des cas formellement exclus par la loi du droit à une indemnité, fixer par provision le chiffre de la somme à laquelle il estimera que le locataire est susceptible d'avoir éventuellement droit. Dans la même ordonnance, ce magistrat autorisera l'expulsion du locataire dans les trois mois qui suivront le jour où le montant de cette somme aura été versé effectivement entre les mains de l'intéressé, à charge par ce dernier d'en donner caution suffisante ou, à défaut d'accord entre les parties sur cette caution, aux mains d'un séquestre désigné par le magistrat, avec affectation spéciale à la créance du locataire* ».

Cette disposition pose le principe d'une indemnité provisionnelle et règle son mode de versement.

583-42. Bénéficiaires de l'indemnité provisionnelle. — Il faut que « *le locataire ne se trouve pas dans un des cas formellement exclus par la loi du droit à indemnité* ».

Dans quels cas y a-t-il exclusion formelle ?

D'abord, en cas de forclusion, si le locataire a oublié de se prévaloir de la loi dans les délais légaux ; ensuite, lorsque le contrat de location ne présente pas la durée nécessaire pour bénéficier de la loi (exemple d'une location verbale de moins de neuf ans). L'exclusion est également formelle lorsque le bail d'un tiers ayant date certaine avant le 1er janvier 1923 (ou le 1er janvier 1914) est opposé au locataire. Il en est de même lorsque le propriétaire exerce son droit de reprise en vue de son habitation personnelle ou de celle des membres de sa famille limitativement énumérés par la loi. Le droit de reprise pour démolir et reconstruire, quand il est pur et simple et ne précède pas une exploitation commerciale du propriétaire, exclut aussi l'indemnité.

Au contraire, si le droit de reprise est invoqué en vue de l'exploitation des lieux par le propriétaire ou les membres de sa famille admis par la loi, le principe d'une indemnité n'est pas formellement exclu. Il en est également ainsi en cas de motif grave et légitime de refus invoqué par le propriétaire. Il en est encore de même lorsque l'intérêt public est opposé à la demande de renouvellement.

Dans ces derniers cas, il n'y a pas d'exclusion formelle et le locataire a le droit d'obtenir une indemnité provisionnelle.

583-43. Caractère provisionnel de l'indemnité. — L'indemnité est provisionnelle, c'est-à-dire que son principe n'est admis et que son montant n'est fixé qu'à titre provisoire. Le fond du débat est réservé et la décision du magistrat conciliateur n'aura jamais sur ce point l'autorité de la chose jugée.

Ce caractère résulte du texte même de la loi et des travaux préparatoires. A plusieurs reprises, au cours de l'élaboration de la loi, il a été précisé que le tribunal conservait sa liberté entière d'appréciation et n'était pas lié par l'ordonnance rendue. (Voir notamment, Sénat, séance du 1er mars 1928. *J. Of.*, p. 379 et 382).

Il était, du reste, impossible de charger le magistrat conciliateur de fixer d'une manière définitive le montant de l'indemnité. La question est trop délicate pour être tranchée en quelques instants par un seul magistrat.

583-44. Montant de l'indemnité. — La loi ne pose pas de règles pour l'évaluation de l'indemnité. Celle-ci devra toujours être égale « au *préjudice subi* », mais, en raison de son caractère provisionnel, elle tendra vraisemblablement à rester inférieure à ce préjudice.

583-45. Versement de l'indemnité. — La question du versement de l'indemnité est difficile à résoudre d'une façon satisfaisante pour le propriétaire et le commerçant.

Le commerçant a besoin de son indemnité ; il désire en avoir la libre disposition pour payer le « pas de porte » qui lui sera demandé pour un autre local et en faciliter l'aménagement.

Le propriétaire, par contre, craint de verser une indemnité au commerçant et de ne pouvoir la récupérer si, par la suite, il est jugé que le droit à indemnité du locataire a été admis à tort.

Entre ces deux tendances opposées, le législateur s'est arrêté à un système qui, en fait, ne permettra jamais au locataire de se servir de son indemnité pour sa réinstallation.

La loi prévoit, dans le paragraphe 2 de l'article 8, « *le versement effectif entre les mains de l'intéressé, à charge par ce dernier d'en donner caution suffisante, ou, à défaut d'accord entre les parties sur cette caution, entre les mains d'un séquestre désigné par le magistrat* ».

Aussi, deux moyens sont offets aux parties.

Le premier consiste dans le versement direct de l'indemnité provisionnelle entre les mains du commerçant évincé, mais avec l'obligation pour lui de fournir caution. Cette caution peut ne pas être acceptée par le propriétaire qui n'est jamais obligé d'y consentir. Si les parties ne sont pas d'accord sur cette caution, il n'y aura pas de versement entre les mains du locataire. En fait, l'accord sera bien rare puisque le propriétaire n'a jamais intérêt à ce qu'il soit réalisé.

C'est alors le second moyen qui sera employé, c'est-à-dire le versement entre les mains d'un séquestre désigné par le magistrat. Si les parties étaient d'accord pour cette désignation, le juge entérinerait leur choix.

Le séquestre conservera les sommes, les emploiera de la manière ordinaire jusqu'à ce qu'il ait été statué au fond et définitivement sur le droit à indemnité.

583-46. Frais de séquestre. — Par qui seront supportés les frais de séquestre ? Si la somme consignée à titre provisionnel est importante, les frais de séquestre peuvent être assez élevés et la question présente un intérêt pratique certain.

En principe, ils doivent être supportés par celui pour le compte de qui la somme aura été finalement conservée et administrée. (Voir Répertoire Pratique Dalloz, Dépôt Séquestre, n°s 237 et 271.)

Si une indemnité est attribuée au locataire par les juges du fond, c'est à lui que le séquestre remettra les sommes détenues, au moins jusqu'à concurrence du montant de l'indemnité, et c'est lui qui devra payer les frais et honoraires du séquestre.

Si, au contraire, l'indemnité est repoussée, le propriétaire rentrera en possession des sommes qu'il avait remises au séquestre et devra directement régler ce dernier.

Peut-il récupérer ces frais sur le locataire ?

Nous le pensons, mais pas à titre de dommages-intérêts, car le locataire n'a commis aucune faute en demandant et en obtenant la fixation d'une indemnité provisionnelle ; le propriétaire pourrait seulement demander au tribunal de comprendre les frais du séquestre dans les dépens de l'instance, au même titre que les frais de procédure.

583-47. Affectation spéciale au profit du locataire. — Le législateur a affecté spécialement à la créance du locataire le montant de l'indemnité remise au séquestre.

Cette précaution était indispensable pour garantir les droits du commerçant évincé ; sans elle, la somme versée entre les mains du séquestre restait le gage commun des créanciers du propriétaire.

§ III. — *Indemnité d'occupation.*

583-48. Son principe. — Lorsque le locataire reste en possession, après l'expiration de son bail ou de sa prorogation, et qu'un bail nouveau ne lui est pas consenti, il doit une indemnité d'occupation depuis le jour où son titre n'a plus d'effet.

Cette indemnité d'occupation est privilégiée, au même titre que les loyers ordinaires. C'est le mobilier personnel ou industriel du commerçant qui en garantit le payement. Le privilège est gravement compromis par l'abandon des lieux et leur évacuation.

Dans ces conditions, il a paru juste au législateur de lier la question de l'indemnité d'occupation à celle du départ du locataire. Il l'a fait dans les termes suivants, par l'article 4 de la loi du 27 mars 1928 : « *Dans la même ordonnance, le magistrat conciliateur fixera par provision le montant et le point de départ de l'indemnité d'occupation due au propriétaire postérieurement à la fin du bail ou de la prorogation, sans que ce rappel puisse remonter au delà du 30 juin 1926. Faute par le locataire de payer aux termes fixés cette indemnité, il pourra être expulsé dans le mois qui suivra l'échéance* ».

583-49. Point de départ provisionnel. — L'indemnité d'occupation doit courir depuis le jour où le locataire est devenu sans titre, par l'expiration de son contrat ou des prorogations qui ont pu lui être accordées.

Normalement, elle partira du 30 juin 1926 ou d'une date postérieure. L'article précité déclare qu'elle ne pourra remonter au delà de cette date.

La question du point de départ peut faire l'objet d'une discussion entre les parties. Dans ce cas, le juge le fixera, mais seulement « par provision ». Sa décision n'aura pas de caractère définitif et réservera au tribunal le soin d'apprécier.

583-50. Montant provisionnel. — Le montant de l'indemnité provisionnelle est laissé à l'appréciation des magistrats. La loi ne leur fixe pas de règles, mais stipule seulement que l'évaluation ne sera que provisionnelle. Le propriétaire sera en droit de s'adresser au tribunal pour en faire augmenter le montant, le locataire pour en demander la réduction.

583-51. Mode de paiement. — La loi a également confié au juge le soin de déterminer le mode de règlement de l'indemnité d'occupation. Il fixera les dates des versements et leur montant.

583-52. Sanction. — Si le locataire ne paye pas aux termes fixés, la loi permet au propriétaire de poursuivre son expulsion, et cela dans le mois qui suivra l'échéance.

Le locataire perdra ainsi le bénéfice des délais qui lui ont été accordés.

SECTION IV. — Procédure.

583-53. L'action appartient au locataire. — C'est le locataire qui a surtout intérêt à se prévaloir de la loi et à retarder ainsi l'expulsion qui le menace. C'est à lui à prendre l'initiative de la procédure. Le propriétaire n'en a pas le droit.

La procédure est la même que celle prévue par l'article 2 de la loi du 30 juin 1926 pour la tentative de conciliation. (Voir *supra*, nº 325 et s.)

Si le locataire ne comparaît pas, le propriétaire sera autorisé à faire citer son adversaire par huissier pour mener à bonne fin la procédure qui aura été entamée.

Le juge ne peut donner défaut contre le locataire qu'après l'avoir fait citer par huissier, puisque telle est la règle posée par l'article 3 de la loi du 30 juin 1926. (Voir *supra*, nº 326.)

583-54. Voies de recours. — L'article 5 stipule que « *les ordonnances rendues en conformité de la présente loi ne sont pas susceptibles d'appel* ».

L'appel est donc impossible, à moins qu'une question de compétence ne soit posée. Dans ce cas, en vertu des principes du droit commun, le juge ne peut statuer en dernier ressort sur sa compétence.

L'opposition n'est pas visée par le texte légal. Elle ne paraît pas être exclue et la partie défaillante pourra faire opposition dans le délai de quinzaine de la signification de l'ordonnance. Les travaux préparatoires semblent l'avoir admis. (Voir Chambre des députés, séance du 15 mars 1928. *J. Of.*, 1593, et Sénat, séance du 17 mars 1928. *J. Of.*, p. 895).

Les autres voies de recours, pourvoi en cassation, requête civile, sont également possibles.

TEXTE DE LA LOI DU 27 MARS 1928

Ayant pour objet de réglementer temporairement la situation des locataires commerçants et industriels menacés d'expulsion.

Art. 1er. — Pendant le délai d'un an, à partir de la promulgation de la présente loi, il sera apporté aux lois du 30 juin 1926 et du 22 avril 1927 les dérogations suivantes :

Art. 2. — Tout bénéficiaire d'une location à usage commercial ou industriel, dont le bail est venu ou viendra à expiration avant le 30 juin 1928, pourra, s'il est menacé d'expulsion, citer en conciliation, conformément aux paragraphes 2, 3 et 4 de l'article 2 de la loi du 30 juin 1926, le propriétaire du local à lui loué et au besoin celui qui étant lui-même locataire de ce local lui a sous-loué et prétend indûment en exercer la reprise ou refuser le renouvellement.

Art. 3. — Le magistrat ainsi saisi, après avoir entendu les parties ou leurs représentants, devra, si le locataire ne se trouve pas dans un des cas formellement exclus par la loi du droit à une indemnité, fixer par provision le chiffre de la somme à laquelle il estimera que le locataire est susceptible d'avoir éventuellement droit.

Dans la même ordonnance, ce magistrat autorisera l'expulsion du locataire dans les trois mois qui suivront le jour où le montant de cette somme aura été versé effectivement entre les mains de l'intéressé, à charge par ce dernier d'en donner caution suffisante ou, à défaut d'accord entre les parties sur cette caution, versé aux mains d'un séquestre désigné par le magistrat, avec affectation spéciale à la créance du locataire.

Si le locataire se trouve dans un des cas formellement exclus par la loi pour avoir droit à une indemnité, il sera maintenu dans les lieux loués pour un temps qui ne pourra être supérieur à trois mois, sauf dans les cas visés par l'article 12 de la loi du 22 avril 1927.

Art. 4. — Dans la même ordonnance, le magistrat conciliateur fixera par provision le montant et le point de départ de l'indemnité d'occupation due au propriétaire postérieurement à la fin du bail ou de la prorogation, sans que ce rappel puisse remonter au delà du 30 juin 1926.

Faute par le locataire de payer aux termes fixés cette indemnité, il pourra être expulsé dans le mois qui suivra l'échéance.

Art. 5. — Les ordonnances rendues en conformité de la présente loi ne sont pas susceptibles d'appel.

Art. 6. — Dans tous les cas, même après l'expiration des délais concédés aux locataires, soit par les lois successives sur les baux des locaux commerciaux ou industriels, soit par des décisions de justice rendues en vertu de ces lois, le juge des référés pourra exceptionnellement accorder des délais de grâce de l'article 1244 du code civil, sauf en cas de versement de l'indemnité, conformément au paragraphe 2 de l'article 3 de la présente loi.

Art. 7. — La présente loi est applicable à l'Algérie.

TEXTE DE LA CIRCULAIRE
DU 3 AVRIL 1928

Relative à l'application de la loi du 27 mars 1928, réglementant temporairement la situation des locataires commerçants et industriels menacés d'expulsion (J. O., 5 avr. 1928, p. 3903).

Le garde des sceaux, ministre de la justice, aux procureurs généraux et aux premiers présidents :

Le *Journal officiel* du 31 mars 1928 a promulgué la loi du 27 du même mois, qui a pour objet de réglementer temporairement la situation des locataires commerçants et industriels menacés d'expulsion.

L'octroi des délais institués par la loi du 22 avril 1927 en faveur des locataires qui n'ont pu obtenir le renouvellement de leurs baux déjà expirés ou devant prendre fin avant le 30 juin 1928, n'a pas permis de remédier à toutes les difficultés d'une situation délicate. Aussi, le législateur a-t-il jugé nécessaire d'intervenir à nouveau. Deux moyens lui ont paru propres à réaliser le but qu'il se proposait : d'abord, l'attribution par le juge conciliateur d'une provision aux locataires menacés d'expulsion qui ont droit à une indemnité d'éviction ; d'autre part, l'octroi de délais complémentaires. Le Parlement a adopté la loi du 27 mars, comme la précédente, dans un esprit de bienveillance à l'égard des commerçants et il s'en remet encore une fois aux magistrats du soin de maintenir, en une matière dont la complexité ne lui a pas échappé, une harmonie équitable entre les bailleurs et leurs locataires.

Les dispositions essentielles du texte nouveau ont pour objet de faciliter la réinstallation dans d'autres locaux du commerçant évincé par suite du non-renouvellement de son bail. Elles complètent heureusement la loi du 30 juin 1926, tout en respectant ses prescriptions.

Le locataire menacé d'expulsion en vertu d'une décision judiciaire et prétendant à une indemnité peut, pendant la période d'application de la loi, saisir, suivant la procédure instituée par l'article 2 de la loi du 30 juin 1926, le juge conciliateur. Ce magistrat a pour mission de

fixer par provision et sous certaines garanties le montant de la somme
à laquelle le locataire peut avoir éventuellement droit, lorsqu'il est fondé
à réclamer une indemnité d'éviction. La détermination de l'indemnité
définitive reste soumise à l'appréciation du tribunal compétent. En
compensation de l'avantage ainsi conféré au locataire, la loi prévoit la
possibilité, pour le propriétaire, de recevoir à partir du jour de la cessation du bail ou de la prorogation et au plus tôt du 30 juin 1926, une
indemnité d'occupation, qui sera également fixée à titre provisionnel
par le juge. Pendant la durée de la procédure et jusqu'à la décision du
magistrat, aucune mesure de rigueur ne saurait intervenir à l'égard du
locataire qui s'est pourvu, en conformité de l'article 2 de la loi. Les
travaux préparatoires sont formels à cet égard et aucun doute ne peut
s'élever sur les intentions du Parlement, auxquelles j'ai donné, au nom
du gouvernement, une complète adhésion.

Quoique ces dispositions soient de nature à résoudre de nombreuses
difficultés, il a paru indispensable, malgré la volonté très générale d'abou-
tir à une législation définitive, de les compléter par l'institution de nouveaux délais. Ces délais se justifient par la situation difficile et même
trop souvent douloureusement pénible des commerçants relevant de
la période transitoire de la loi du 30 juin 1926. Mais si la loi prévoit le
maintien provisoire dans les lieux loués des commerçants menacés
d'expulsion, elle fixe des délais différents selon que les locataires ont
droit ou non à une indemnité d'éviction. Il y a entre ces deux catégories
des situations dissemblables auxquelles le simple bon sens, l'équité et
les principes du droit commandent de ne pas appliquer la même solution.

Enfin, le Parlement, après la conciliation de certaines divergences de
vues qui s'étaient manifestées au cours de la discussion, a admis, à titre
exceptionnel, et sauf en cas de versement préalable de l'indemnité, la
possibilité de l'application de l'article 1244 du Code civil à l'égard des
commerçants appelés à invoquer les dispositions légales nouvelles.
J'appelle tout spécialement votre attention sur cette extension, délibé-
rément voulue, aux occupants de locaux commerciaux ou industriels
d'un bénéfice dont ils avaient pu jusqu'ici paraître privés. Il appartiendra aux juges d'apprécier, cas par cas, les situations qui leur seront
soumises. Il est impossible de fixer des règles générales dans une matière
où l'équité et la confiance doivent inspirer la conscience des magistrats. Mais il me plaît de constater qu'ils ont déjà par leur action bien-
faisante, obtenu les plus heureux résultats dans l'application si difficile
des lois si complexes sur les loyers.

Je ne doute pas que ce même souci d'humanité généreuse qui s'efforce
de résoudre les conflits par la conciliation ne les anime dans l'interprétation de la loi nouvelle, et je leur fais, après et avec le législateur, pleine
confiance pour se pénétrer largement de son esprit.

TABLE DES MATIÈRES DU SUPPLÉMENT

PREMIÈRE PARTIE

Du régime des baux commerciaux et industriels

TITRE PREMIER

Généralités et obligations réciproques des parties.

TITRE II

Cession et sous-location. Résiliation. Faillite.

DEUXIÈME PARTIE

Du renouvellement des baux commerciaux et industriels.

Propriété commerciale.

LIVRE PREMIER

Considérations générales sur la loi du 30 juin 1926.

TITRE PREMIER

Historique.

TITRE II

But de la loi et doctrines en présence.

TITRE III

Caractères de la loi.

§ III

§ IV

§ V

§ VI

LIVRE III

Modalités d'application de la loi

TITRE PREMIER

Demande de renouvellement.

TITRE II

Cas d'acceptation du propriétaire

Sous-titre premier

Conciliation.

Sous-titre II

Arbitrage.

Sous-titre III

Ordonnance du président après l'arbitrage.

Sous-titre IV

Droit d'option des parties.

Sous-titre V

Caractère du nouveau bail.

TITRE III

Cas de refus du propriétaire.

Sous-titre premier

Formalités.

Sous-titre II

Causes de refus.

TITRE IV

Règlement des indemnités.

TITRE V

Départ du locataire.

Division du problème.

CHAPITRE PREMIER. — Période d'application normale.

§ I. — CAS GÉNÉRAL.

§ III. — INDEMNITÉ PROVISIONNELLE.

§ IV. — INDEMNITÉ D'OCCUPATION.

TABLE ALPHABÉTIQUE GÉNÉRALE DES MATIÈRES

CONTENUES DANS LE TRAITÉ ET SON SUPPLÉMENT

— Préavis en cas d'immeuble vétuste ou insalubre, n° 442.
— Présomption d'agrandissement du commerce, n° 483.
— Refus de renouvellement, n° 413 et n° 439-1.
— Révisibilité du loyer, n° 426.
— Voir *Dispositions transitoires*.

Délais de grâce

— Application pendant la période transitoire, n° 583-37.

Demande de renouvellement

— Contenu de la demande, n° 300.
— Forclusion, n° 309-7.
— Formes de la demande, n°° 297 et s.; n°° 297-1 et s.
— Voir *Délais*.

Démolition

— Clause de démolition, n° 153-1 et n° 197-1.
— Droit de reprise pour démolir, n°° 496-1 et s.

Dénonciation du bail

— Application de la loi du 30 juin 1926, n° 175-1

Départ du locataire

— Cas d'offre excessive, n° 581 et n° 583-13.
— Délais de la loi du 22 avril 1927, n°° 596 et s. et n°° 583-23 et s.
— Délais de la loi du 27 mars 1928, n°° 583-34 et s.
— Droit de rétention, n°° 587 et s., n° 583-4.
— Expulsion en référé, n° 583-7.
— Voir *Dispositions transitoires, Tentative de conciliation*.

Dépôt de garantie

— Voir *Bail commercial et industriel*.

Dépôt de marchandises

— Exclusion de la loi du 30 juin 1926, n° 225.

Dispositions transitoires

— Bail expiré, n° 191.

— Bail expirant avant le 30 juin 1928, n° 308 et n°° 583-16 et s.
— Bail prorogé, n°° 190 et 307.
— Contrats soumis aux dispositions transitoires, n°° 583-16 et 583-38.
— Délais de la loi du 22 avril 1927, n°° 596 et s., n° 583-23.
— Délais de la loi du 27 mars 1928, n°° 583-34 et s.
— Dérogation à la nécessité d'un bail, n°° 190 et s.
— Durée de la période transitoire, n° 583-16.
— Occupants, n°° 192 et 309.
— Voir *Indemnité d'occupation, Indemnité provisionnelle, Voies de recours*.

Droits acquis par les tiers

— Bail antérieur au 1er janvier 1923, n° 519.
— Cas du bail principal, n° 243-24.
— Cas spécial des mobilisés, n° 529.
— Droit d'intervention du tiers, n° 526.
— Exercice de l'action oblique, n° 525.
— Expulsion du locataire exploitant, n° 524.
— Motif de refus de renouvellement, n° 519 et n° 518-1.
— Promesse de bail antérieure au 1er janvier 1923, n° 49.
— Sociétés en nom collectif, n° 520.
— Voir *Indemnité d'enrichissement*.

Droit au renouvellement

— Droit de préférence, n°° 148.
— Droit de priorité, n° 138.
— Nature juridique, n°° 133 et s.
— Voir *Conditions d'application de la loi du 30 juin 1926, Demande de renouvellement*.

Droit d'enregistrement

— Cas de l'indemnité d'éviction, n° 582-3.

Droit de visite

— Réglementation par voie de référé, n° 307-2.

Droit de préférence

— Voir *Droit au renouvellement*.

Droit de priorité

— Voir *Droit au renouvellement*.

Droit d'option des parties

— Après la détermination du loyer nouveau, nos 498 et s.
— Après la fixation de l'indemnité, n° 580.
— Droit d'option du propriétaire, n° 580-1.
— Perte du droit d'option, n° 580-2.

Droit de reprise

— Absence d'indemnité, nos 462, 470 et s.
— Acquisition à titre gratuit, n° 473.
— Acquisition à titre successoral, n° 473.
— Acquisition sur licitation, n° 473.
— Agrandissement d'un commerce, nos 471 et s. et n° 471-1.
— Agrandissement d'un commerce après reconstruction ou transformation de l'immeuble, n° 485.
— Aménagements intérieurs, n° 488.
— Bénéficiaires du droit de reprise en vue d'une affectation commerciale, n° 469.
— Bénéficiaires du droit de reprise en vue de l'habitation, n° 461.
— Commerce similaire, nos 486 et 487.
— Commerce similaire après reconstruction ou transformation de l'immeuble, nos 498 et 503.
— Contenu de la notification, n° 437-1.
— Co-propriétaire, n° 452 et n° 452-1.
— Création d'un commerce nouveau, n° 475.
— Déplacement d'une succursale, n° 476.
— Délai de la notification, n° 434-1.
— Démolition, nos 496-1 et s.
— Édification de constructions sur terrains nus, nos 504 et s.
— Étranger (exclusion), nos 458 et 466, et n° 458-1.
— Exercice répété du droit de reprise, n° 452.
— Fondation d'une succursale, n° 476.
— Forme de la notification, nos 437 et s.; n° 436-1.
— Fraude aux droits du locataire, nos 463, 500 et 509 et nos 463-1 et 500-1.

— Immeuble vétuste ou insalubre, n° 501 et n° 496-2.
— Intention d'agrandir, n° 482-1.
— Locataire principal (exclusion), n° 447 et 448-1.
— Nu propriétaire, n° 450.
— Opération de location ou de revente, n° 468.
— Personne morale, nos 459 et 467 et nos 459-1 et 429-3.
— Présomption d'agrandissement, n° 483 et n° 482-1.
— Preuve de l'intention d'agrandir, n° 484 et n° 483-1.
— Reprise de l'immeuble et du fonds y exploité, n° 491.
— Reprise des terrains, nos 504 et s.
— Reprise en vue de construire ou reconstruire, nos 494 et s.
— Reprise en vue d'une affectation commerciale, nos 465 et s.
— Reprise en vue de l'habitation, nos 455 et s.
— Reprise partielle (impossibilité), n° 456-1.
— Réserve dans le procès-verbal de conciliation, n° 438.
— Société, nos 459 et 459-1; nos 467 et 495-3 et s.
— Succursale, n° 476.
— Terrain, n° 504.
— Transfert du commerce, n° 477 et n° 477-1.
— Transfert de succursale, n° 476.
— Transformation de l'immeuble, n° 501.
— Usufruitier, n° 450.
— Voir *Délais, Indemnités d'éviction, d'enrichissement, de plus-value; Indemnité éventuelle*.

Droit de rétention

— Voir *Départ du locataire*.

Durée du bail nouveau

— Bail écrit, n° 379 et n° 379-1.
— Bail à périodes, n° 379-1.
— Bail prorogé par convention, n° 380.
— Bail prorogé légalement, n° 380.
— Bail renouvelé, n° 380.
— Bail verbal, n° 382.
— Occupant de quinze ans ou de cinq ans, n° 384.

Indemnité provisionnelle

— Cas d'application, n° 583-41.
— Montant, n° 583-42.
— Versement, n° 584-45.

Intérêt public

— Motif spécial de refus de renouvellement, n° 530-2.

Intention d'agrandir

— Voir *Droit de reprise.*

Légataire

— Voir *Bénéficiaires de la loi.*

Législation analogue

— Voir *Étranger.*

Législation étrangère

— Voir *Étranger.*

Liquidation judiciaire

— Voir *Faillite et Liquidation judiciaire.*

Locataire d'un fonds

— Exclusion de la loi du 30 juin 1926, n° 203 et n°s 284 et 285-1.

Locataire principal

— Voir *Bénéficiaires de la loi, Droit de reprise.*

Location de locaux meublés

— Droit au renouvellement, n° 226.

Location de locaux nus.

— Exclusion de la loi du 30 juin 1926, n°s 227 et 255.

Location à titre précaire

— Définition, n° 12.
— Droit à prorogation, n° 12.
— Exclusion de la loi du 30 juin 1926, n° 136 et n° 182-1.

Location verbale

— Voir *Bail verbal*

Locaux accessoires

— Application possible de la loi du 30 juin 1926, n°s 231 et s. et n° 221-1.
— Caractère du local accessoire protégé, n° 232.

Locaux nus

— Voir *Location des locaux nus.*

Loyer

— Voir *Bail commercial et industriel, Fixation du prix du loyer.*

Loyer d'avance

— Réglementation des intérêts, n° 50-1.
— Stipulation dans bail renouvelé, n° 385-2.

Maisons à succursales multiples

— Application de la loi du 30 juin 1926, n° 220.

Maraîcher

— Exclusion de la loi du 30 juin 1926, n° 195.

Marchés

— Voir *Halles et marchés.*

Meubles

— Voir *Location des locaux meublés.*

Montant des indemnités

— Voir *Indemnité d'enrichissement, Indemnité d'éviction, Indemnité de plus-value.*

Motif grave et légitime

— Appréciation à l'encontre du locataire sortant, n° 512 et n° 512-1.
— Attitude du locataire, n° 513.
— Exploitation illicite, n° 512-3.
— Gestion du locataire, n° 513.
— Voir *Indemnité d'enrichissement, Personnes publiques.*

Mur

— Voir *Objet du bail.*

8417 — Imprimerie Jouve et Cie, 15, rue Racine, Paris — 10-1928